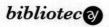

Diretor Editorial Pedro Fonseca

Conselheiro Editorial Simone Cristoforetti

Preparação Erika Nogueira

Revisão Fernanda Alvares e Andrea Stahel

Produção Zuane Fabbris editor

Imagem da Capa Julia Geiser

Projeto Gráfico Renata de Oliveira Sampaio

....

© 2018 by Patrick J. Deneen originally published by Yale University Press

© 2019 Editora Âyiné
1ª edição março 2020

ISBN: 978-85-92649-59-3

Por que o liberalismo fracassou?
Patrick J. Deneen

Por que o liberalismo fracassou?
Patrick J. Deneen

Prefácio de James Davison Hunter e
John M. Owen IV
Tradução de Rogerio W. Galindo

ay Editora Âyiné

13 NOTA INTRODUTÓRIA

17 PREFÁCIO

21 AGRADECIMENTOS

25 INTRODUÇÃO
O FIM DO LIBERALISMO

47 1. LIBERALISMO INSUSTENTÁVEL

71 2. UNINDO INDIVIDUALISMO E ESTATISMO

95 3. LIBERALISMO COMO ANTICULTURA

127 4. A TECNOLOGIA E A PERDA DA LIBERDADE

147 5. O LIBERALISMO CONTRA AS ARTES LIBERAIS

171 6. A NOVA ARISTOCRACIA

195 7. A DEGRADAÇÃO DA CIDADANIA

221 CONCLUSÃO
A LIBERDADE APÓS O LIBERALISMO

241 BIBLIOGRAFIA

249 ÍNDICE REMISSIVO

Para Inge

A lacuna entre o princípio medieval de governo do cristianismo e a vida cotidiana é a grande armadilha da Idade Média. É o problema que percorre a história de Gibbon, com o qual ele lidou usando de uma frivolidade delicadamente maliciosa, dando alfinetadas a todo instante no que lhe parecia ser a hipocrisia do ideal cristão em oposição ao funcionamento natural do ser humano...

O cavalheirismo, a ideia principal da classe dominante, deixava, assim como a religião, uma lacuna igualmente grande entre ideal e prática. O ideal era uma visão de ordem mantida pela classe guerreira e formulada à imagem da Távola Redonda, a forma perfeita da natureza. Em nome do que era certo, os cavaleiros do rei Arthur se aventuravam contra dragões, feiticeiros e homens maus, estabelecendo ordem em um mundo selvagem. Do mesmo modo suas contrapartes vivas deveriam, em teoria, servir como defensores da Fé, sustentáculos da justiça, defensores dos oprimidos. Na prática, eles mesmos eram os opressores, e no século XIV a violência e o desregramento dos homens da espada tinham se tornado um grande fator de desordem. Quando a lacuna entre o ideal e o real se torna grande demais, o sistema entra em colapso. A lenda e a história sempre refletiram isso; nos romances do ciclo do rei Arthur, a Távola Redonda é destruída a partir de dentro. A espada é devolvida ao lago; o esforço recomeça. Embora possa ser violento, ganancioso e falível, o homem mantém sua visão de ordem e retoma sua busca.

Barbara Tuchman,
Um espelho distante: O terrível século XIV

Nota Introdutória

A série *Politics and Culture* da Yale University Press começa com a premissa de que o autogoverno, marca distintiva e glória dos Estados Unidos, do Ocidente e de um número crescente de países ao redor do globo, está doente. Entre os que percebem a doença, não há acordo sobre qual seja a enfermidade, quem dirá sobre qual deva ser o tratamento; e tal desacordo, que se aprofunda cada vez mais à medida que o tempo passa, é na verdade parte da doença. No jovem século XXI, a democracia liberal, sistema que combina o governo da maioria com os direitos individuais, entrou em uma crise de legitimidade. Do modo como foi praticado em décadas recentes, e como princípio ordenador internacional, esse sistema não foi capaz de cumprir o que prometeu a um número crescente, e cada vez mais mobilizado e mais ruidoso, de pessoas.

Os sintomas da doença são de fácil observação: uma lacuna cada vez mais ampla na distribuição de riquezas; decadência de instituições tradicionais, incluindo associações, sindicatos e família; perda de confiança na autoridade – política, religiosa, científica, jornalística – e entre os próprios cidadãos; desilusão crescente com a ideia de que o progresso possa trazer justiça igualitária para todos; acima de tudo, talvez, a polarização persistente e cada vez maior entre os que desejam sociedades progressivamente mais abertas e experimentais e aqueles que querem conservar as instituições e práticas tradicionais. A fragmentação não apenas continua como se aprofunda. À medida que as pessoas se dividem em novas tribos sociais e políticas, os resultados eleitorais confundem e alarmam especialistas e ampliam ainda mais a polarização. «O centro não se sustenta», o verso de W. B. Yeats, se aplica a nossas sociedades fraturadas tanto quanto se aplicava quando ele o escreveu há um século. Na era de Trump, não chega sequer a ser claro onde está o centro ou como podemos redescobri-lo e reocupá-lo.

Por que o liberalismo fracassou?, de Patrick Deneen, segundo livro da série, localiza a fonte da crise de legitimidade no próprio liberalismo. Por liberalismo, Deneen se refere não à definição limitada do discurso popular americano, ou seja, a um governo grande e progressista ou um governo que se importa com o cidadão (dependendo do seu ponto de vista). Ele se refere à concepção mais ampla familiar aos filósofos políticos, ao conjunto de princípios sobre os quais as democracias liberais ao redor do mundo são construídas. *Por que o liberalismo fracassou?* reúne diversas vertentes de insatisfação com o liberalismo atual, vertentes encontradas no discurso acadêmico, político e popular. O resultado é uma crítica corajosa e vasta da premissa que está na raiz do liberalismo, associada ao filósofo iluminista Immanuel Kant, da autonomia individual. Usamos a metáfora da «raiz» deliberadamente; a crítica de Deneen é radical, e defende que o liberalismo precisa não de uma reforma, e sim de uma aposentadoria. O problema não é que o liberalismo tenha sido sequestrado, mas que sua exaltação da autonomia individual esteve errada desde o começo, e a passagem das décadas apenas tornou este equívoco mais evidente.

O liberalismo já sofreu críticas radicais de intelectuais antes. Da esquerda veio a artilharia de Marx e seus descendentes, incluindo a Escola de Frankfurt, e de pensadores pós-modernos, como Foucault. Da direita vieram ataques de Nietzsche, Schmitt e de tradicionalistas da Igreja Católica e de outras instituições religiosas. De pontos difíceis de precisar vieram investidas de Milbank e Hauerwas. Tais críticas inevitavelmente provocam reações fortes de outros estudiosos e intelectuais. Críticas radicais são destinadas a isso — a perturbar o discurso dominante e a desafiar o modo como ele rotineiramente absorve e redireciona as críticas, de modo que as pessoas pensem de maneira mais fundamental sobre as instituições e as práticas políticas, sociais e econômicas existentes.

Leitores de todos os tipos descobrirão que *Por que o liberalismo fracassou?* desafia não apenas seu modo de pensar como também muitas das premissas mais caras a eles sobre a política e sobre o nosso ordenamento político. O livro de Deneen é disruptivo não só pelo modo como associa males sociais aos princípios básicos do liberalismo, mas também porque é difícil categorizá-lo dentro do nosso espectro convencional esquerda-direita. Grande parte do que ele escreve agradará aos sociais-democratas e irritará os defensores do livre mercado; outra parte irá animar os tradicionalistas e causar indisposição nos progressistas sociais. Independentemente disso, alguns desses leitores se verão tentados a incluir o livro em uma ou outra categoria familiar, para lidar melhor com suas críticas e talvez para recusá-las. Essa é uma tentação a que se deveria resistir, pois em si ela é um sintoma de nossos tempos de polarização e talvez o principal motivo para que o raciocínio de Deneen seja precisamente o tipo que mais precisamos ouvir agora.

James Davison Hunter e John M. Owen IV,
editores da série

Prefácio

Este livro foi concluído três semanas antes da eleição presidencial americana [de 2016]. Seus principais argumentos amadureceram ao longo da última década, antes mesmo que o Brexit e a presidência de Trump fossem concebíveis. Minha premissa básica era a de que as bases da ordem civilizada que herdamos – normas aprendidas dentro das famílias, das comunidades, por meio da religião e de uma cultura que lhe serve de suporte – iriam inevitavelmente erodir sob a influência do Estado social e politicamente liberal. Porém antecipei que o liberalismo seguiria substituindo de maneira inflexível normas e práticas culturais tradicionais por Band-Aids estatistas, mesmo havendo uma crescente crise de legitimidade que forçaria seus proponentes a impor a ideologia liberal a uma multidão cada vez mais recalcitrante. Desse modo o liberalismo iria simultaneamente «triunfar» e fracassar ao se tornar mais plenamente o que é.

Desse ponto de vista, meu palpite foi o de que tal condição política em última instância seria insustentável, e que a provável reação popular a uma ordem liberal cada vez mais opressora poderia ser formas de *iliberalismo* autoritário que prometeriam aos cidadãos poder sobre aquelas forças que já não pareciam estar sob seu controle: governo, economia e a dissolução das normas sociais e modos instáveis de vida. Para os liberais, isso seria prova da necessidade de fazer um esforço ainda maior para garantir a manutenção de um regime liberal, porém eles estariam cegos ao modo como essa crise de legitimidade foi criada pelo próprio liberalismo. Não sugeri essas conclusões esperando ver essa dinâmica acontecer durante a minha vida, e tendo em vista os eventos recentes eu poderia ter escrito um livro algo diferente. No entanto, creio que minha análise original ainda nos ajuda a entender os contornos básicos de nosso momento e evita o foco excessivamente limitado que pode vir de uma imersão excessiva nas manchetes.

O atual desejo amplamente difundido por um líder forte, que queira retomar o controle popular sobre as formas liberais de governo burocratizado e a economia globalizada, surge depois de décadas de desmantelamento liberal das normas culturais e dos hábitos políticos essenciais para o autogoverno. O colapso das normas e das instituições da família, da comunidade e da religião, especialmente entre aqueles que menos se beneficiam com o avanço do liberalismo, não levou os descontentes com o liberalismo a buscar uma restauração de tais normas. Isso exigiria esforço e sacrifício numa cultura que hoje diminui o valor de ambos. Ao contrário, muitos hoje pretendem empregar os poderes do estatismo liberal contra sua própria classe dominante. Enquanto isso, uma quantidade imensa de energia é despendida em manifestações, em vez de ser aplicada na construção de autolegislação e na deliberação, o que reflete mais a fúria e o desespero políticos do que uma renovação do governo democrático. O liberalismo criou as condições, e as ferramentas, para a ascensão de seu pior pesadelo, e no entanto ele não tem a autocompreensão necessária para entender sua própria culpa.

Embora eu encerre este volume convocando os filósofos políticos a ajudar a encontrar um caminho para retirar a viseira que hoje tampa nossos olhos – o controle exercido sobre nossas mentes pelas ideologias inauguradas na modernidade pelo próprio liberalismo –, o melhor caminho não está em nenhuma revolução política mas no paciente incentivo a novas formas de comunidade que possam servir como refúgios em nossa ordem política e econômica despersonalizada. Como o dissidente tcheco

Václav Havel escreveu em «O poder dos sem poder»: «Um sistema melhor não irá garantir automaticamente uma vida melhor. Na verdade, o oposto é verdadeiro: apenas pela criação de uma vida melhor podemos desenvolver um sistema melhor».[1] Apenas uma política fundada na experiência de uma pólis – vidas compartilhadas com um senso de objetivo comum, com obrigações e gratidão surgindo de dores, esperanças e alegrias vividas ao longo de uma geração, e com o cultivo das capacidades da confiança e da fé – pode começar a substituir nossa era de desconfiança, desavenças, hostilidade e ódios. Como meu professor e amigo Carey McWilliams escreveu na conclusão de um de seus ensaios mais perspicazes, «fortalecer nossa vida democrática compartilhada é uma tarefa difícil, até mesmo assustadora, que exige mais sacrifício e paciência do que façanhas deslumbrantes».[2] Sacrifício e paciência não são as marcas distintivas da era do individualismo estatista. Mas serão ambos necessários em abundância para chegarmos a um momento melhor, sem dúvida muito diferente, depois do liberalismo.

---

1 Václav Havel, «The Power of the Powerless», in: *Open Letters: Selected Writings, 1965–1990*. Nova York: Vintage, 1992, p. 162.

2 Wilson Carey McWilliams, «Democracy and the Citizen: Community, Dignity, and the Crisis of Contemporary Politics in America», in: Patrick J. Deneen e Susan J. McWilliams (ed.), *Redeemin Democracy in America*. Lawrence: University Press of Kansas, 2011, p. 27.

Agradecimentos

Este breve livro foi escrito num curto espaço de tempo – depois de várias décadas de reflexão. Sendo assim, tenho muitas dívidas, e em alguns casos o reconhecimento de minha gratidão deveria ter sido feito há muito tempo.

As inestimáveis dívidas que tenho com o falecido Wilson Carey McWilliams, meu amigo e professor, deveriam estar à mostra em toda parte ao longo destas páginas. Ele teria escrito um livro muito melhor sobre as tribulações do liberalismo, mas eu trocaria tal livro por apenas mais uma conversa sobre a situação do mundo em meio a goles de *bourbon* e gargalhadas.

As primeiras ideias deste livro foram concebidas em Rutgers e Princeton, e sou grato a generosos interlocutores como George Kateb, Robert P. George e o falecido Paul Sigmund. Sou grato ao Programa James Madison sobre Ideais e Instituições Americanos, e a seu diretor associado, Brad Wilson, por uma bolsa providencial nos anos de 2008 e 2009.

Muitas dessas ideias amadureceram durante meus anos na Universidade Georgetown. Tenho dívidas com Joshua Mitchell, padre James V. Schall, S.J., padre Stephen Fields, S.J., e dois amigos que já se foram, Jean Bethke Elshtain e George Carey. Reconheço com gratidão a amizade e o apoio de Bill Mumma. Permaneço admirado com os muitos alunos que juntos fizeram o Fórum Tocqueville tão especial durante seus anos de maior glória.

Em Notre Dame, nossas vidas foram inundadas de amizades revigorantes. Minha gratidão a Phillip Muñoz, Susan Collins, John O'Callaghan, Sean e Christel Kelsey, Dave O'Connor, Philip Bess,

John e Alicia Nagy, Francesca Murphy, John Betz, John Cavadini, Gerard Bradley, Rick e Nicole Garnett, Jeff Pojanowski, Martijn Cremers, padre Bill Miscamble, David Solomon, Carter Snead, Gladden Pappin, Dan Philpott, Mike Griffin, Anna e Michael Moreland e Brad Gregory. Reconheço com gratidão a generosidade de dois programas vitais na Universidade de Notre Dame, o Centro de Ética e Cultura e o Programa Tocqueville para Pesquisas sobre Religião e Vida Pública, ambos deram apoio para a conclusão deste livro. Meu agradecimento também a Mimi Teixeira, que auxiliou na preparação do manuscrito.

Mais amigos do que eu seria capaz de agradecer me ajudaram de infinitos modos, e espero que vocês encontrem frutos de nossas conversas aqui, junto com a minha mais profunda gratidão. Meus agradecimentos a Chad Pecknold, Francis X. Maier, Rod Dreher, Bill McClay, Jeremy Beer (que sugeriu uma versão do título), Mark Henrie, Jason Peters, Jeff Polet, Mark Mitchell, Brad Birzer, Phillip Blond, Cindy Searcy, Dan Mahoney, John Seery, Susan McWilliams, Brad Klingele e Michael Hanby. Sou grato a Rusty Reno, David Mills, Dan McCarthy, John Leo e Scott Stephens pela publicação de diversas versões anteriores destes capítulos. Agradeço especialmente a Steve Wrinn pelos sábios conselhos e pela amizade ao longo desses anos todos.

Sou grato ao Instituto de Estudos Culturais Avançados na Universidade da Virgínia, particularmente a James Davison Hunter e a John Owen iv, que demonstraram desde cedo interesse por este projeto. Meus agradecimentos a Bill Frucht, que me incitou a escrever um texto curto e que defendeu com tanta determinação o livro na Yale University Press.

Pouco antes de o livro ir para gráfica, dois amigos de longa data faleceram, Benjamin Barber e Peter Lawler. Desejaria que meu professor Ben e que Peter, um interlocutor e amigo que eu tanto estimava, tivessem tido a chance de ler alguns frutos de nossas muitas conversas e debates. As vozes e as ideias deles estão aqui, e também permanecem nas muitas vidas que eles tocaram. Mesmo assim, sinto saudades dos dois.

A minha esposa, Inge, e a nossos filhos Francis, Adrian e Alexandra, meu coração transborda e as palavras me faltam.

E, como tantos anos se passaram desde que comecei a ouvir sussurros dos sinais deste projeto, não há dúvida de que há muitas pessoas que merecem meu agradecimento e que não citei aqui. Vocês sabem quem são. Minha mais profunda e duradoura gratidão.

Introdução
O Fim do Liberalismo

Uma filosofia política concebida há mais ou menos quinhentos anos, e colocada em prática no nascimento dos Estados Unidos aproximadamente 250 anos depois, apostava que a sociedade política podia se apoiar em fundamentos diferentes. Ela concebia os seres humanos como indivíduos portadores de direitos que podiam elaborar e viver sua própria versão da boa vida. As oportunidades para a liberdade aumentavam caso houvesse um governo limitado dedicado a «assegurar direitos», ao lado de um sistema econômico de livre mercado que desse espaço para a iniciativa individual e para a ambição. A legitimidade política estava baseada numa crença compartilhada em um «contrato social» originário a que até mesmo os recém-chegados podiam subscrever, ratificado continuamente por eleições livres e justas de representantes que respondessem aos cidadãos. Um governo limitado porém eficaz, estado de direito (*Rule of Law*), um Judiciário independente, autoridades públicas que respondam aos cidadãos e eleições livres e justas eram algumas marcas distintivas dessa ordem ascendente e que, segundo todos os indícios, era uma aposta tremendamente bem-sucedida.

Hoje, cerca de 70% dos americanos acreditam que seu país está indo na direção errada, e metade da população acredita que os melhores dias de seu país ficaram para trás. A maioria crê que seus filhos serão menos prósperos e terão menos oportunidades do que as gerações prévias. Todas as instituições de governo contam com níveis decrescentes de confiança dos cidadãos, e um profundo cinismo em relação à política se reflete numa insurreição que surge de todas as partes do espectro político contra as elites políticas e econômicas. As eleições, que já foram vistas como eventos bem orquestrados para dar legitimidade à democracia liberal, são cada vez mais tidas como indícios de um sistema inexoravelmente manipulado e corrupto. Todos creem ser evidente que o sistema político está falido e que o tecido social está se esgarçando, particularmente à medida que a distância entre os ricos e os pobres cresce, que uma divisão hostil entre crentes e secularistas se amplia e que um profundo desacordo sobre o papel dos Estados Unidos no mundo continua sem solução. Os americanos ricos seguem orbitando enclaves protegidos dentro de cidades selecionadas e em torno delas, enquanto um número cada vez maior de cristãos compara a nossa época com os últimos tempos do Império Romano e pensa em se retirar da sociedade americana como um todo e aderir a formas atualizadas de comunidades monásticas beneditinas. Os sinais dos tempos sugerem que há muita coisa errada nos Estados Unidos. Um coro crescente de vozes alerta que podemos até mesmo estar vendo o fim da República acontecendo diante de nossos olhos, com algum regime ainda inominado tomando seu lugar.

Praticamente todas as promessas feitas pelos arquitetos e criadores do liberalismo foram estilhaçadas. O Estado liberal se expande para controlar praticamente todos os aspectos da vida, embora os cidadãos vejam o governo como um poder distante e incontrolável, que apenas amplia sua sensação de impotência ao levar adiante de maneira implacável o projeto da «globalização». Os únicos direitos que parecem assegurados hoje pertencem àqueles que têm riqueza e posição para protegê-los, e sua autonomia – incluindo direitos de propriedade, o direito ao voto e seu simultâneo controle sobre as instituições representativas, a liberdade religiosa, a liberdade de expressão e a segurança dos documentos e da residência do cidadão – fica cada vez mais comprometida por ação legal ou por *fait accompli* tecnológico. A economia favorece uma nova «meritocracia» que perpetua suas vantagens por meio da sucessão geracional, amparada por um sistema que separa implacavelmente os vencedores dos perdedores. Uma distância progressivamente maior entre o discurso do liberalismo e sua realidade de fato gera cada vez mais dúvidas sobre o discurso liberal, em vez de oferecer a confiança de que essas lacunas serão reduzidas.

O liberalismo fracassou – não por não ter sido capaz de atingir suas metas, mas por ter sido fiel a si mesmo. Fracassou por ter sido bem-sucedido. À medida que o liberalismo «se tornou mais plenamente o que é», que sua lógica interna se tornou mais evidente e que suas contradições internas ficaram mais manifestas, geraram-se patologias que são a um só tempo deformações de seu discurso e realizações da ideologia liberal. Uma filosofia política que foi lançada para criar maior igualdade, defender uma tapeçaria pluralista de diferentes culturas e crenças, proteger a dignidade humana e, é claro, expandir a liberdade, na prática gera uma desigualdade titânica, reforça a uniformidade e a homogeneidade, incentiva a degradação material e espiritual e fragiliza a liberdade. Seu sucesso pode ser medido pela obtenção do oposto do que críamos que seria obtido. Em vez de ver o acúmulo de catástrofes como indício de nosso fracasso de viver de acordo com os ideais do liberalismo, precisamos ver claramente que as ruínas que ele produziu são justamente os sinais de seu êxito. Defender a cura das doenças do liberalismo pela aplicação de mais medidas liberais equivale a atirar gasolina num incêndio descontrolado. Isso apenas irá aprofundar nossa crise política, social, econômica e moral.

Pode ser que este seja um momento para algo além de meros ajustes institucionais. Caso de fato algo mais fundamental e transformador do que a «política normal» esteja acontecendo, então estamos em meio não apenas de um realinhamento político, caracterizado pelos últimos suspiros de uma moribunda classe operária branca e pelo ataque de uma juventude endividada. Podemos muito bem estar testemunhando uma falha sistêmica progressiva, devida à falência da filosofia política que lhe dá sustentação, do sistema político que em grande medida demos por certo. A estrutura de crenças que deu origem ao experimento constitucional americano de quase 250 anos pode estar se aproximando do fim. Embora vários Pais Fundadores acreditassem ter descoberto uma «nova ciência da política» que resistiria à inevitável tendência de todos os regimes de entrar em decadência e acabar morrendo – chegando mesmo a comparar a ordem constitucional a um mecanismo de movimento perpétuo que desafiasse a entropia, «uma máquina que iria em frente por conta própria» –, seria correto que nós nos perguntássemos se os Estados Unidos vivem não os primeiros dias de sua vida eterna mas sim se se aproximam do fim do ciclo natural de corrupção e decadência que limita o tempo de vida de toda criação humana.

Essa filosofia política foi para os americanos modernos o que a água é para o peixe, um ecossistema político abrangente em que nadamos, sem perceber sua existência. O liberalismo é a primeira das três grandes ideologias políticas concorrentes do mundo moderno, e, com a morte do fascismo e do comunismo, é a única ideologia a ainda poder se dizer viável. Como ideologia, o liberalismo foi a primeira arquitetura política que propôs a transformação de todos os aspectos da vida humana para que se adaptassem a um plano político preconcebido. Vivemos em uma sociedade e cada vez mais em um mundo que foram reconstruídos à imagem de uma ideologia – a primeira nação fundada pela adesão explícita da filosofia liberal, cuja cidadania é moldada quase inteiramente por seus compromissos e por sua visão.

Mas, diferentemente dos regimes visivelmente autoritários que surgiram consagrados a levar adiante as ideologias do fascismo e do comunismo, o liberalismo é menos visivelmente ideológico e apenas furtivamente reconstrói o mundo à sua imagem. Em comparação com suas ideologias concorrentes mais cruéis, o liberalismo é mais insidioso: como ideologia, ele pretende ser neutro, afirmando não ter preferências e negando qualquer intenção de moldar as almas que se encontram sob seu domínio. Ele seduz ao convidar para as liberdades fáceis, para as diversões e atrações da liberdade, do prazer e da riqueza. Ele se faz invisível, mais ou menos como o sistema operacional de um computador em grande medida fica sem ser visto – até que deixa de funcionar. O liberalismo se torna mais visível a cada dia precisamente em função de suas deformações estarem se tornando evidentes demais para que possamos ignorá-las. Como Sócrates nos diz na *República* de Platão, a maior parte dos humanos na maior parte do tempo e na maioria dos lugares ocupa uma caverna, acreditando que ela seja a realidade completa. O que a caverna que ocupamos tem de mais insidioso é o fato de suas paredes serem semelhantes aos cenários dos filmes antigos, prometendo vistas aparentemente infinitas sem restrições ou limites, de modo que nosso controle continua sendo invisível para nós.

Dentre as poucas leis de ferro da política, poucas parecem mais impossíveis de quebrar do que a irrevogável insustentabilidade da ideologia na política. A ideologia fracassa por dois motivos – primeiro, por se basear em falsidades sobre a natureza humana, e portanto não ter como evitar o fracasso; e segundo, porque, à medida que essas falsidades se tornam mais evidentes, cresce a lacuna entre o que a ideologia diz e a experiência vivida pelos seres humanos sob seu domínio, até que o regime perca legitimidade. Ou a ideologia obriga as pessoas a se submeterem a uma mentira que ela se esforça por defender, ou entra em colapso quando a lacuna entre o discurso e a realidade finalmente leva a uma perda total de credibilidade entre a população. Frequentemente, uma coisa precede a outra.

Assim, mesmo que o liberalismo tenha penetrado em quase todas as nações do planeta, sua visão da liberdade humana parece cada vez mais um escárnio e cada vez menos uma promessa. Em vez de celebrar a liberdade utópica do «fim da história» que parecia ao alcance quando a última ideologia concorrente caiu em 1989, a humanidade totalmente moldada pelo liberalismo está hoje oprimida pelas misérias de seu êxito. Está integralmente presa a uma armadilha feita por ela mesma, enredada no próprio aparato que deveria garantir uma liberdade pura e perfeita.

Podemos ver isso hoje especialmente em quatro áreas distintas porém conexas de nossa vida comum: política e governo, economia, educação e ciência e tecnologia. Em cada um desses campos, o liberalismo transformou as instituições humanas em nome da expansão da liberdade e do aumento de nosso domínio e controle sobre nossos destinos. E, em todos os casos, uma raiva generalizada e um descontentamento que só se aprofunda surgiram a partir da percepção difusa de que os veículos de nossa libertação se tornaram as gaiolas de ferro de nosso cativeiro.

POLÍTICA

Cidadãos de democracias liberais avançadas estão à beira da revolta contra seus próprios governos, o «establishment» e os políticos que eles mesmos escolheram como seus líderes e representantes. Maiorias esmagadoras veem seus governos como instituições distantes e que não respondem aos cidadãos, capturadas pelos ricos, e que governam unicamente para benefício dos poderosos. Em seu princípio o liberalismo prometia remover uma velha aristocracia em nome da liberdade; no entanto, conforme o liberalismo vai eliminando todos os vestígios de uma antiga ordem, herdeiros dos esperançosos antiaristocráticos veem seu substituto como um novo tipo, talvez ainda mais danoso, de aristocracia.

O liberalismo tinha como premissa a limitação do governo e a libertação do indivíduo do controle político arbitrário. Mas um número cada vez maior de cidadãos vê o governo como uma entidade que não tem ligação com sua própria vontade e que está fora de seu controle, e não sente a relação de criação e criatura prometida pela filosofia liberal. O «governo limitado» do liberalismo hoje provocaria inveja e espanto nos tiranos de outrora, que mal podiam sonhar com capacidades tão vastas de vigilância e controle de movimento, das finanças e até mesmo de atos e pensamentos. As liberdades que o liberalismo nasceu para proteger – direitos individuais de consciência, religião, associação, expressão e autogoverno – são na maioria comprometidas pela expansão da atividade governamental para todas as áreas da vida. No entanto essa expansão prossegue, em grande medida como resposta para a sensação que as pessoas têm de ter perdido o poder sobre a trajetória de suas vidas em tantas esferas distintas – econômica e outras –, levando a demandas por intervenções ainda maiores da única entidade que pelo menos nominalmente segue sob seu controle. Nosso governo prontamente atende aos pedidos, movendo-se como uma chave de boca, sempre na mesma direção, aumentando e expandindo seu tamanho em resposta às queixas dos cidadãos, ironicamente aumentando com isso a experiência dos cidadãos de distanciamento e impotência.

Desse modo os cidadãos sentem apenas uma tênue conexão entre si e seus representantes políticos cujo trabalho era o de «refinar e ampliar» o sentimento do público. Os representantes, por sua vez, exprimem sua relativa impotência diante de uma burocracia permanente composta de funcionários de carreira cujo incentivo é manter ou ampliar seu orçamento e sua atividade. Mais poder se acumula no executivo, que nominalmente controla a burocracia e que por meio de regras administrativas pode no mínimo dar a aparência de ser responsivo a uma sociedade impaciente. O governo político exercido por uma legislatura cada vez mais impopular que em teoria deriva do povo sua legitimidade é substituído por comandos e ordens de um executivo que é conquistado por meio de fluxos gigantescos de dinheiro.[1] O liberalismo afirmava que iria substituir o governo arbitrário de líderes distantes e não escolhidos pelo povo por um governo responsivo exercido por servidores públicos eleitos. Nosso processo eleitoral hoje, porém, lembra mais um drama à la Potemkin feito para dar a aparência de consentimento popular a uma figura que terá poderes arbitrários incomparáveis sobre a política doméstica, acordos internacionais e, especialmente, a guerra.

Essa distância e essa falta de controle, sentidas de maneira tão aguda, não são uma condição a ser resolvida por um liberalismo melhor e mais perfeito – ao contrário, essa crise de governança é o ápice da ordem liberal. O liberalismo propunha que o consentimento ocasional bastaria para a escolha de uma classe de líderes composta de indivíduos com «caráter adequado» – ou seja, aqueles, nas incomparáveis palavras de Alexander Hamilton, preocupados com «comércio, finanças, negociação e guerra, todos os temas que encantam as mentes governadas por essa paixão». Os arquitetos do sistema pretendiam incentivar os cidadãos a se concentrarem nas preocupações privadas – uma *res idiotica* que eles chamaram de «república». Se há dificuldade para «mantê-la», uma república não

---

1 Adrian Vermuele, *Law's Abnegation: From Law's Empire to the Administrative State*. Cambridge: Harvard University Press, 2016.

pode sobreviver na ausência de «coisas públicas». A crença de que o liberalismo podia obter um *modus vivendi* ao incentivar o privatismo culminou na dissociação quase completa entre a classe governante e um povo sem *cives*.

ECONOMIA

A insatisfação cívica tem um espelho no descontentamento econômico. É mais provável que os indivíduos sejam chamados de «consumidores» do que de cidadãos, entretanto a liberdade de comprar todas as mercadorias imagináveis pouco faz para amenizar a ansiedade econômica generalizada e a insatisfação com a crescente desigualdade – na verdade, os líderes econômicos parecem presumir que um maior poder de compra de mercadorias baratas servirá como compensação para a ausência de uma segurança econômica e para a divisão do mundo em vencedores e fracassados a cada geração. Sempre houve, e provavelmente sempre haverá, desigualdade econômica, porém poucas civilizações parecem ter aperfeiçoado a tal ponto a separação entre vencedores e derrotados ou ter criado um aparato tão gigantesco para fazer a seleção dos que terão êxito e dos que fracassarão. Marx certa vez disse que a maior fonte de insatisfação econômica não era necessariamente a desigualdade, e sim a alienação – a separação entre o trabalhador e o produto de seu trabalho e a concomitante perda de toda conexão com o objetivo de seus esforços. A economia atual não apenas mantém e amplia essa alienação como acrescenta uma profunda nova forma de alienação geográfica, a separação física entre os beneficiários da economia globalizada e aqueles que são deixados para trás. Isso leva os vencedores econômicos a combinar queixas sobre a desigualdade econômica com denúncias sussurradas contra a visão retrógrada dos que condenam os caminhos da globalização. Os derrotados, enquanto isso, são consolados com a lembrança de que são muito mais ricos do que os aristocratas mais ricos de épocas anteriores. Os confortos materiais são um bálsamo disponível para as insatisfações da alma.

Como evidenciam as reações nos centros urbanos ao resultado do referendo sobre o Brexit e à eleição de Donald J. Trump, esses mesmos líderes parecem ficar chocados ao descobrir que os termos do contrato social aparentemente não são aceitos pelos clientes do Walmart. Ainda assim, nada pode ser feito, uma vez que a globalização é um processo inevitável, que não pode ser interrompido por nenhum indivíduo e por nenhuma nação. Independentemente do que se pense sobre integração econômica, padronização e homogeneização, é inútil pensar em alternativas. Um dos entusiastas da globalização, Thomas Friedman, definiu o processo exatamente nos termos de tal inevitabilidade:

> É a inevitável integração de mercados, Estados-nação e tecnologias num grau jamais testemunhado antes – de modo que permite a indivíduos, corporações e Estados-nação chegar a pontos mais distantes do globo, ir mais rápido, mais fundo e gastando menos do que antes e de um modo que permite ao mundo atingir indivíduos, corporações e Estados-nação mais distantes, indo mais rápido, mais fundo e gastando menos do que em qualquer outra época.[2]

Se as pessoas querem ou não que o mundo «atinja» indivíduos, corporações e Estados-nação não é algo a discutir, uma vez que o processo não pode ser interrompido. O sistema econômico que é ao mesmo tempo a criada do liberalismo e seu motor, como um monstro Frankenstein, ganha vida própria, e seus processos e sua lógica já não podem ser controlados pelas pessoas que supostamente

---

2 Thomas L. Friedman, *The Lexus and the Olive Tree*. Nova York: Farrar, Straus and Giroux, 1999, p. 7.

gozam da maior liberdade da história. A recompensa da liberdade é a escravidão à inevitabilidade econômica.

Educação

A geração que chega hoje à vida adulta é doutrinada a aderir a um sistema econômico e político que nitidamente lhe inspira medo, o que a enche de cinismo em relação a seu futuro e à sua participação na manutenção de uma ordem que ela não tem como evitar e na qual no entanto não crê nem confia. Em vez de se ver como a geração mais liberada e autônoma da história, os jovens adultos de hoje creem menos na tarefa que os espera do que Sísifo rolando a pedra pela encosta da montanha. Eles aceitam as tarefas que os mais velhos impõem, porém sem alegria ou amor – somente com uma aguda sensação de não ter outra opção. A resposta da esmagadora maioria ao destino que lhes coube – expressa em inúmeros comentários feitos a mim ao longo dos anos ao descrever suas experiências e suas expectativas em relação à sua própria educação – é a de que eles se sentem presos a uma armadilha e «sem saída», de serem participantes cínicos em um sistema que implacavelmente produz vencedores e derrotados ao mesmo tempo que exige que eles compreendam que esse sistema é um veículo da «justiça social». Não é de espantar que mesmo os «vencedores» admitam em momentos de franqueza que são ao mesmo tempo enganadores e enganados. Como uma aluna descreveu o destino de sua geração para mim:

> Somos meritocratas por um instinto de sobrevivência. Se não corrermos para o topo, a única opção que restará é o poço sem fim do fracasso. Simplesmente trabalhar duro e ter notas altas não resolve mais, se você acreditar que só existem duas opções: o topo e o fundo do poço. É um dilema do prisioneiro clássico:

ficar sentada por duas ou três horas no refeitório «conversando fiado», ou passar o tempo em conversas intelectuais sobre temas morais e filosóficos, ou ir a um encontro, tudo isso toma tempo que podíamos passar chegando ao topo e, assim, vai nos deixar numa situação pior em comparação aos outros... Como vemos a humanidade – e por consequência as suas instituições – como corruptas e egoístas, a única pessoa com quem você pode contar é você mesmo. O único jeito de se esquivar do fracasso, evitar ser deixado para trás e, em última instância, sucumbir ao mundo de caos à nossa volta, portanto, é ter os meios (a segurança financeira) para poder depender apenas de si mesmo.[3]

O liberalismo avançado está eliminando a educação liberal com uma intenção e uma ferocidade agudas, por acreditar que ela é impraticável tanto do ponto de vista ideológico quanto do econômico. Os alunos veem a maior parte de seus professores de humanas e ciências sociais ensinar que a única questão política que resta é equalizar o respeito e a dignidade devidos a todas as pessoas, embora essas instituições sejam moinhos que servem para separar os que são economicamente viáveis daqueles que serão objeto de zombaria por suas visões retrógradas sobre comércio internacional, imigração, nação e crenças religiosas. As visões políticas representadas nos campi universitários têm eco, quase na sua totalidade, na crença onipresente de que a educação deve ser prática do ponto de vista econômico, culminando com um emprego bem pago numa cidade povoada por pessoas de formação universitária que tenham visões semelhantes sobre o mundo e que vão continuar consolidando seu absoluto ultraje

....

3 De um ensaio escrito como resposta à «Organization Kid», de David Brooks, por um membro da turma de 2018 de Notre Dame, em minha disciplina de Filosofia Política e Educação, 29 de agosto. Ensaio de posse do autor.

com a desigualdade ao mesmo tempo que gozam de seus frutos. As universidades se esforçam para oferecer «aprendizagem com resultados», seja por meio da criação de uma imensidão de novos programas voltados para tornar os estudantes imediatamente empregáveis, seja renomeando e reorientando estudos já existentes para ressaltar sua relevância econômica. Simplesmente *não há opção* de fazer as coisas de outro jeito num mundo globalizante e economicamente competitivo. Poucos mencionam o fato de que essa locução se torna cada vez mais comum no liberalismo avançado, o regime que supostamente deveria assegurar uma infinidade de escolhas a serem feitas livremente.

No momento do ápice do liberalismo, portanto, vemos a rápida remoção das artes liberais. Por muito tempo as artes liberais foram vistas como uma forma essencial de educação para um povo livre, especialmente para cidadãos que aspiravam ao autogoverno. A ênfase nos grandes textos – que eram grandes não apenas por serem antigos ou justamente por serem velhos mas sim por conterem lições aprendidas a duras penas sobre como os humanos aprenderam a ser livres, especialmente como aprenderam a ser livres em relação à tirania de seus desejos insaciáveis – foi abandonada em favor daquilo que antes era considerado uma «educação servil», uma educação preocupada exclusivamente em ganhar dinheiro e passar a vida trabalhando, e que portanto era reservada àqueles que não gozavam do título de «cidadão». Os liberais de hoje condenam um regime que em outros tempos separava os homens livres dos servos, os senhores dos escravos, os cidadãos dos servos, mas, mesmo tendo chegado ao cume da superioridade moral em relação a nossos ignorantes antepassados ao proclamar que todos são livres, nós adotamos de maneira quase exclusiva a forma educacional que era reservada para as pessoas privadas de liberdade. E no entanto, em meio à nossa gloriosa liberdade, não cogitamos nos perguntar por que não nos damos mais ao luxo de uma educação cujo próprio nome – artes liberais – indica seu apoio fundamental para o cultivo de uma pessoa livre.

CIÊNCIA E TECNOLOGIA

Os alunos de hoje são especialmente incentivados a estudar uma disciplina que seja útil, particularmente aquelas ligadas às ciências, à tecnologia, à engenharia e à matemática. As ferramentas do liberalismo para libertar a humanidade das várias formas de servidão deveriam ser obtidas principalmente por meio da transformação na política, ou seja, pelo sistema representativo que hoje parece fora de nosso controle; pela economia, particularmente pelo capitalismo de mercado, a cuja lógica globalizante é impossível resistir; e pela ciência e tecnologia, que pode ser considerada nossa maior fonte de libertação e ao mesmo tempo o motivo para que o meio ambiente esteja ameaçado, para as deformações causadas na personalidade pelas nossas próprias tecnologias e pela profunda ansiedade em relação a nossa incapacidade de controlar nossas próprias inovações. O projeto científico moderno para libertar a humanidade da tirania da natureza foi concebido como um esforço para «dominar» ou «controlar» a natureza, ou como uma «guerra» contra a natureza em que o seu estudo forneceria às mãos humanas as ferramentas para subjugá-la. Francis Bacon – que rejeitava os argumentos clássicos de que o aprendizado tinha como objetivo as virtudes da sabedoria, da prudência e da justiça, afirmando em vez disso que «conhecimento é poder» – comparou a natureza a um prisioneiro que, sob tortura, pode ser levado a revelar os segredos que por muito tempo ocultou.

Mesmo que não falemos mais nesses termos, o projeto científico moderno hoje domina o que vemos como pesquisas úteis e recompensadoras. E no entanto a natureza parece não ter se rendido. Como escreveu o fazendeiro e escritor Wendell Berry, se a ciência e a tecnologia modernas foram concebidas como uma «guerra contra a natureza», então «é uma guerra em todos os sentidos – a natureza está nos combatendo com o mesmo empenho com que nós a combatemos. E... parece que estamos perdendo».[4] Muitos elementos do que hoje nós chamamos de crise ambiental – mudança climática, escassez de recursos, contaminação e escassez de lençóis freáticos, extinção de espécies – são sinais de batalhas ganhas em uma guerra que está sendo perdida. Hoje estamos acostumados a dizer que devemos seguir os caminhos apontados pela ciência numa questão como a mudança climática, ignorando que nossa crise é resultado de duradouros triunfos da ciência e da tecnologia em que «seguir os caminhos apontados pela ciência» equivalia a progresso civilizacional. Nosso mundo saturado de carbono é a ressaca de uma festa de 150 anos em que, até o fim, acreditamos que tínhamos realizado o sonho de nos libertarmos das restrições impostas pela natureza. Ainda mantemos a visão incoerente de que a ciência pode nos libertar de limites e ao mesmo tempo resolver as consequências atuais deste projeto.

Enquanto isso, somos cada vez mais moldados por uma tecnologia que promete nos libertar dos limites de espaço, tempo e até mesmo identidade. Já se demonstrou que o computador que todo mundo carrega no bolso modificou a estrutura de nossa mente, transformando-nos em criaturas diferentes, adaptando-nos às demandas e à natureza de uma tecnologia que supostamente deveria permitir que

---

4 Wendell Berry, «Agriculture from the Roots Up», in: *The Way of Ignorance and Other Essays*. Emeryville, CA: Shoemaker and Hoard, 2005, pp. 107–8.

expressássemos nossas reais identidades.[5] Quantos de nós são capazes de ficar sentados por uma hora lendo um livro ou simplesmente meditando sem o desejo de um viciado por apenas uma dose de celular, aquela ânsia que não permite que você se concentre ou reflita até ter tomado a sua dose? Essa mesma tecnologia que supostamente nos conecta de maneira mais ampla e mais íntima está nos tornando mais solitários, nos isolando mais.[6] Cada vez mais aparelhos substituem humanos no ambiente de trabalho, aparentemente aumentando nossa liberdade, mas nos tornando tutores e assistentes de nossa tecnologia. E avanços na manipulação da natureza inevitavelmente trazem a possibilidade da transformação da própria humanidade, potencialmente opondo a Humanidade 2.0 àqueles que se recusam a deixar para trás a versão 1.0, ou que não podem pagar pela transformação.[7]

Aquilo que supostamente deveria permitir que transformássemos o nosso mundo está, em vez disso, nos transformando, fazendo de nós criaturas para as quais muitos de nós, se não todos nós, não demos nosso «consentimento». Está nos transformando cada vez mais em criaturas que o liberalismo supunha ser nossa natureza no «estado de natureza» que existia antes do advento da civilização, da lei e do governo. Ironicamente, mas talvez não por coincidência, o projeto político do liberalismo está nos moldando para que sejamos as criaturas de sua fantasia pré-histórica, o que na verdade exigiu a soma dos imensos aparatos modernos do Estado,

---

5 Nicholas G. Carr, *The Shallows: What the Internet Is Doing to Our Brains*. Nova York: Norton, 2010.

6 Sherry Turkle, *Alone Together: Why We Expect More from Technology and Less from Each Other*. Nova York: Basic, 2011.

7 Lee M. Silver, *Remaking Eden: Cloning and beyond in a Brave New World*. Nova York: Avon, 1997; Mark Shiffman, «Humanity 4.5», *First Things,* nov. 2015.

da economia, do sistema educacional e da ciência e tecnologia para nos transformar em: pessoas cada vez mais isoladas, autônomas, não relacionais, repletas de direitos e definidas por nossa liberdade, porém inseguras, impotentes, medrosas e solitárias.

O êxito do liberalismo é mais visível atualmente no acúmulo de sinais de seu fracasso. Ele transformou o mundo à sua imagem, especialmente por meio dos campos da política, da economia, da educação, da ciência e da tecnologia, todos voltados para a obtenção de uma liberdade suprema e completa por meio da libertação do indivíduo de lugares, relações, filiações e até mesmo de identidades particulares – a não ser quando escolhidos, quando seu peso não seja grande e quando possam ser revisados e abandonados a bel-prazer. O eu autônomo está portanto sujeito à trajetória soberana das próprias forças, vistas como as ferramentas de nossa libertação. E no entanto nossa libertação nos torna incapazes de resistir a essas forças definidoras – a promessa de liberdade resulta na sujeição a inevitabilidades diante das quais nossa única possibilidade é a submissão.

Essas ferramentas foram empregadas para libertar os indivíduos do fato de sua condição ser «dada», especialmente por meio da «despersonalização» e da «abstração», a visão que o liberalismo tem de estar livre de deveres, obrigações, dívidas e relações particulares. Esses fins foram atingidos por meio da despersonalização e da abstração levadas a cabo por duas entidades em especial – o Estado e o mercado. Mas, embora os dois tenham trabalhado juntos num movimento de pinça para nos deixar mais nus como indivíduos, nossos debates políticos mascaram essa aliança afirmando que a submissão a uma dessas forças irá nos salvar das depredações da outra. Nossas principais escolhas políticas se resumem a qual mecanismo despersonalizado supostamente nos trará liberdade e segurança – o espaço do mercado, que recolhe nossos bilhões em troca de bilhões de escolhas para dar conta de nossas vontades e necessidades sem exigir de nós nenhum pensamento ou intenção específica em relação às vontades e às necessidades dos outros; ou o Estado liberal, que estabelece procedimentos e mecanismos despersonalizados para as vontades e necessidades de outras pessoas que são atendidas de modo insuficiente pelo mercado.

Assim, o insistente apelo para que escolhamos entre a proteção da liberdade individual e a expansão da atividade estatal mascara a verdadeira relação entre Estado e mercado: eles crescem constantemente, e necessariamente juntos. O estatismo permite o individualismo, o individualismo exige o estatismo. A despeito de todas as afirmações sobre transformações eleitorais – clamando por «Esperança e Mudança» ou por «Fazer os Estados Unidos grandes novamente» –, dois fatos são irritantemente aparentes: o liberalismo moderno nos torna ao mesmo tempo mais individualistas e mais estatistas. Isso não se deve ao fato de um partido defender o individualismo sem reduzir o estatismo ao passo que o outro faz o contrário; na verdade, ambos se movem simultaneamente afinados com nossas mais profundas premissas filosóficas.

Afirmando libertar o indivíduo de culturas, tradições, lugares e relações embutidas nele, o liberalismo homogeneizou o mundo à sua imagem – ironicamente, muitas vezes movido por reivindicações de «multiculturalismo» ou, atualmente, de «diversidade». Tendo tido êxito em nos retirar de relações que em outros tempos diziam ter certos direitos sobre nós, mas que por outro lado moldavam a concepção de quem nós éramos, a percepção que tínhamos de nós mesmos como cidadãos que compartilham um destino comum e como atores econômicos que compartilham um mundo em comum, o liberalismo deixou o indivíduo exposto às ferramentas da libertação – deixando-nos em um estado fragilizado em que os campos da vida que supostamente deveriam nos libertar estão completamente fora de nosso controle e de nossa governança. Isso sugere que desde o começo o indivíduo era a «ferramenta» do sistema liberal, e não – como acreditávamos – o contrário.

O passo mais desafiador que precisamos dar é rejeitar a crença de que as moléstias da sociedade liberal possam ser curadas pela aplicação do liberalismo. O único caminho que nos libertará das inevitabilidades e das forças ingovernáveis que o liberalismo impõe é nos libertarmos do próprio liberalismo. As duas principais opções políticas de nosso tempo devem ser vistas como lados diferentes de uma mesma moeda falsificada. Nem a fé dos progressistas de que o liberalismo será plenamente realizado quando formos na direção das promessas do liberalismo nem a fábula conservadora de que a grandeza americana será restaurada quando recuperarmos a filosofia de governo implícita em nossa Constituição oferecem alguma alternativa real ao avanço do liberalismo.

O passado pode ser instrutivo, mas não pode haver nenhum regresso e nenhuma «restauração». O liberalismo drenou de maneira implacável um reservatório de recursos materiais e morais que ele não tem como reabastecer. Seus êxitos foram sempre cheques em branco passados para um futuro que o liberalismo achava que teria como consertar. O conservadorismo está correto em observar que o destino dos progressistas é um beco sem saída, e os progressistas têm razão em reclamar da nostalgia dos conservadores por uma época que não pode ser restaurada. Tanto conservadores quanto progressistas levaram em frente o projeto do liberalismo, e nenhum deles da forma como estão postos hoje pode oferecer o caminho a ser seguido e que deve ser procurado fora da trilha já aberta por nós.

Por outro lado, refletir o que vem após a autodestruição do liberalismo não implica que devemos simplesmente conceber o seu oposto, ou negar aquilo que teve grande e duradouro valor dentro das conquistas do liberalismo. O apelo do liberalismo está nas suas continuidades com os mais profundos compromissos da política ocidental tradicional, particularmente com os esforços para assegurar a liberdade e a dignidade humana por meio da imposição de limites à tirania, ao governo arbitrário e à opressão. Desse ponto de vista, o liberalismo é visto corretamente como baseado em compromissos políticos essenciais que foram desenvolvidos ao longo dos séculos de classicismo e de cristianismo, tanto no pensamento quanto na prática. No entanto as inovações do liberalismo – aquelas que seus arquitetos acreditavam que assegurariam de modo mais firme a liberdade e a dignidade humanas –, que consistiam especialmente de uma redefinição do ideal de liberdade e de uma nova concepção da natureza humana, foram enfraquecidas pela realização dos compromissos que ele próprio assumiu. Ir além do liberalismo não significa descartar alguns de seus principais compromissos – especialmente os mais antigos desejos do Ocidente: liberdade política e dignidade humana –, e sim rejeitar o desvio falso feito quando o liberalismo impôs uma transformação ideológica do mundo à imagem de uma falsa antropologia.

Uma rejeição da primeira ideologia do mundo, e que é também a última ideologia remanescente, não significa sua substituição por uma ideologia nova e sem dúvida não muito diferente. Uma revolução política para derrubar uma ordem revolucionária apenas traria desordem e miséria. Um modo melhor será haver formas menores e locais de resistência: práticas mais do que teorias, a construção de novas culturas resilientes contra a anticultura do liberalismo.

Quando visitou os Estados Unidos nas primeiras décadas do século XIX, Alexis de Tocqueville observou que os americanos tendiam a agir de maneira diferente e melhor do que o pregado por sua ideologia individualista e egoísta. «Eles demonstram mais respeito por sua filosofia do que por si mesmos», ele escreveu. O necessário agora não é aperfeiçoar nossa filosofia, mas sim voltarmos a nos respeitarmos mais. Do fomento a pessoas novas e melhores, envolvidas de maneira porosa no destino de outras pessoas – por meio do cultivo de culturas de comunidade, cuidado, autossacrifício e democracia de pequena escala –, pode surgir uma prática melhor, e dela, em última instância, é possível que obtenhamos uma teoria melhor do que o projeto fracassado do liberalismo.

Capítulo 1

Liberalismo Insustentável[1]

O mais profundo compromisso do liberalismo vai expresso em seu próprio nome: a liberdade. O liberalismo se mostrou atraente e ao mesmo tempo resiliente em função desse compromisso central com o desejo por liberdade tão profundamente enraizado na alma humana. A ascensão histórica do liberalismo e a atração global causada por ele não são acidentais; a ideologia teve apelo principalmente para povos sujeitos a governos arbitrários, desigualdades injustas e pobreza universalizada. Nenhuma outra filosofia política havia demonstrado na prática ser capaz de gerar prosperidade, oferecer uma relativa estabilidade política e proteger a liberdade individual com tal regularidade e previsibilidade. Havia motivos plausíveis para que, em 1989, Francis Fukuyama pudesse declarar que o longo debate sobre os regimes ideais tivesse acabado, e que o liberalismo fosse a estação final da História.

O liberalismo, obviamente, não descobriu nem inventou o desejo do ser humano pela liberdade: a palavra *libertas* tem origem antiga, e, desde as primeiras incursões pela filosofia política na Grécia e na Roma antigas, um dos objetivos primários era a defesa da liberdade e a garantia de que ela fosse colocada em prática. Os textos fundadores da tradição política ocidental se concentravam especialmente na questão de como limitar o impulso que leva à tirania e à sua defesa, e caracteristicamente se apoiavam no cultivo da virtude e do autogoverno

---

1 Uma versão anterior de partes deste capítulo foi publicada como «Unsustainable Liberalism», em *First Things,* ago. 2012. Sou grato pela permissão para reproduzir partes daquele ensaio original.

como os principais corretivos para a tentação tirânica. Os gregos em especial viam o autogoverno como uma continuidade que levava do indivíduo à sociedade, só sendo possível a realização de ambos caso as virtudes da temperança, da sabedoria, da moderação e da justiça fossem mutuamente sustentadas e incentivadas. O autogoverno na cidade só era possível se a virtude do autogoverno governasse as almas dos cidadãos, e o autogoverno dos indivíduos só podia ser obtido em uma cidade que compreendesse que a cidadania em si era uma espécie de habituar-se continuamente à virtude, tanto por meio da lei quanto dos costumes. A filosofia grega ressaltava a *paideia*, ou educação na virtude, como caminho primário para prevenir o estabelecimento da tirania e para proteger a liberdade dos cidadãos, embora essas conclusões coexistissem (ainda que às vezes de maneira turbulenta) com justificativas de desigualdades exemplificadas não apenas por apelos para o governo de um governante ou de uma classe de governantes sábios como pela defesa da escravidão.

As tradições filosóficas de Roma e, mais tarde, do cristianismo mantiveram a ênfase grega no cultivo da virtude como defesa central contra a tirania, mas também desenvolveram formas institucionais que buscavam controlar o poder dos líderes abrindo (em graus variáveis) caminhos informais e às vezes formais para a expressão da opinião popular no governo político. Muitas formas institucionais de governo que hoje associamos ao liberalismo foram pelo menos inicialmente concebidas e desenvolvidas ao longo de séculos antes da era moderna, incluindo o constitucionalismo, a separação dos poderes, a separação das esferas da Igreja e do Estado, direitos e proteções contra governos arbitrários, o federalismo, o estado de direito e o governo limitado.[2] A proteção dos direitos dos in-

....

2 O melhor guia sobre a origem pré-moderna de

divíduos e a crença na inviolabilidade da dignidade humana, se nem sempre eram reconhecidas e praticadas de modo consistente, foram no entanto conquistas filosóficas da Europa medieval pré-moderna. Alguns estudiosos veem o liberalismo como mero desenvolvimento natural, e na verdade como o apogeu, do pensamento e das conquistas protoliberais desse longo período de desenvolvimento, e não como uma espécie de ruptura radical com a pré-modernidade.[3]

Embora essa hipótese seja digna de ser levada a sério, tendo em vista que há continuidades prontamente demonstráveis, as afirmações em contrário, de que uma ruptura significativa ocorreu entre a modernidade e a pré-modernidade – especialmente o fato de ter surgido uma nova filosofia política distinta de suas antecessoras pré-modernas – são bastante justificáveis. Na verdade, as próprias continuidades institucionais e até mesmo semânticas entre a pré-modernidade clássica e cristã e o período moderno em que acontece o surgimento do liberalismo podem ser enganosas. O advento do liberalismo não foi simplesmente uma rejeição total

---

muitas instituições comumente vistas como tendo origem nas tradições do início da era liberal moderna continua sendo a obra de Charles Howard McIlwain, *The Growth of Political Thought in the West: From the Greeks to the End of the Middle Ages*. Nova York: Macmillan, 1932. Ver também dele *Constitutionalism, Ancient and Modern*. Ithaca, NY: Cornell University Press, 1940. Outra fonte útil é John Neville Figgis, *Studies of Political Thought: From Gerson to Grotius*. Cambridge: Cambridge University Press, 1907.

3 Brian Tierney, *The Idea of Natural Rights: Studies on Natural Rights, Natural Law, and Church Law, 1150-1625*. Grand Rapids, MI: Eerdmans, 1997; Paul E. Sigmund, *Natural Law in Political Thought*. Lanham, MD: University Press of America, 1981; Richard Tuck, *Natural Rights Theories: Their Origins and Development*. Cambridge: Cambridge University Press, 1982; Larry Siedentop, *Inventing the Individual: The Origins of Western Liberalism*. Cambridge: Harvard University Press, 2014.

de seus predecessores, e em muitos casos a nova filosofia atingiu seus fins redefinindo palavras e conceitos compartilhados e, por meio dessa redefinição, colonizando instituições existentes com premissas antropológicas fundamentalmente diferentes.

A liberdade foi fundamentalmente reconcebida, embora a palavra tenha sido mantida. Há muito tempo se acreditava que a liberdade era a condição para o autogoverno que impedia a tirania, tanto na sociedade quanto na alma do indivíduo. Pensava-se portanto que a liberdade envolvia disciplina e treinamento na autolimitação dos desejos, e nos arranjos sociais e políticos correspondentes que buscavam inculcar as virtudes correspondentes que incentivavam as artes do autogoverno. O pensamento político clássico e cristão era reconhecidamente mais «arte» do que «ciência»: em grande medida, apoiava-se no feliz surgimento de figuras fundadoras e estadistas inspiradores que podiam incentivar círculos virtuosos políticos e sociais que se autoalimentavam, e reconhecia a probabilidade de decadência e corrupção como uma característica inevitável de toda instituição humana.

Uma marca distintiva importante da modernidade foi a rejeição dessa visão de longa data da política. Os arranjos sociais e políticos passaram a ser vistos como simultaneamente ineficazes e indesejáveis. As raízes do liberalismo se encontram em esforços para superar várias premissas antropológicas e normas sociais que passaram a ser vistas como fontes de patologia – a saber, fontes de conflito, além de obstáculos para a liberdade individual. As fundações do liberalismo foram postas por uma série de pensadores cujo objetivo central era desmontar aquilo que eles tinham concluído ser normas religiosas e sociais irracionais na busca pela paz civil que podia, por sua vez, incentivar a estabilidade e a prosperidade, e por fim terminar gerando a liberdade individual de consciência e de ação.

Três esforços principais estiveram por trás dessa revolução do pensamento e da prática. Em primeiro lugar, a política passaria a se basear na confiabilidade do «baixo» e não na aspiração ao «alto». O esforço clássico e cristão para incentivar a virtude foi rejeitado como paternalista e ineficaz, com tendências ao abuso e à falta de confiabilidade. Foi Maquiavel quem rompeu com a aspiração clássica e cristã de contrabalançar a tentação tirânica por meio de uma educação na virtude, afirmando que a tradição filosófica pré-moderna era uma série ininterrupta de fantasias irrealistas e pouco confiáveis de «repúblicas e principados imaginários que jamais existiram nem poderiam existir na prática; pois a lacuna entre como as pessoas de fato se comportam e o modo como elas deveriam se comportar é tão grande que qualquer um que ignore a realidade cotidiana para viver de acordo com um ideal logo descobrirá que foi ensinado a se autodestruir, e não a se preservar».[4] Em vez de promover padrões irrealistas de comportamento – especialmente a autolimitação – que poderiam na melhor das hipóteses ser atingidos de maneira pouco confiável, Maquiavel propunha basear a filosofia política nos comportamentos humanos facilmente observáveis, no orgulho, no egoísmo, na ganância e na busca por glória. Ele afirmava ainda que para conquistar a liberdade e a segurança política era melhor jogar as classes domésticas umas contra as outras, incentivando cada uma a limitar as demais por meio de «feroz conflito» na proteção de seus interesses particulares em vez de fazer apelos elevados ao «bem comum» e à concórdia política. Ao reconhecer o inerradicável egoísmo humano e o desejo por bens materiais, seria possível conceber meios de controlar essas motivações em vez de buscar moderar ou limitar esses desejos.

---

4 Nicolau Maquiavel, *The Prince*. Ed. e trad. tDavid Wooton. Indianapolis: Hackett, 1995, p. 48.

Segundo, a ênfase dada pelo classicismo e pelo cristianismo à virtude e ao cultivo da autolimitação e do autogoverno se apoiava em normas e estruturas sociais amplamente arraigadas na vida política, social, religiosa, econômica e familiar. Aquilo que era visto como suporte essencial para o treinamento nas virtudes – e, portanto, como precondições para a liberdade contra a tirania – passou a ser visto como fonte de opressão, arbitrariedade e limitação. Descartes e Hobbes, por sua vez, afirmavam que a submissão a costumes irracionais e à tradição não questionada – especialmente no caso das crenças e das práticas religiosas – era fonte de governos arbitrários e de conflitos mortíferos improdutivos, e portanto obstáculo a um regime próspero. Ambos propuseram que a presença dos costumes e da tradição fosse remediada pela introdução de «experimentos mentais» que reduziam as pessoas à sua essência natural – despindo os humanos conceitualmente dos atributos acidentais que não nos deixavam ver sua verdadeira natureza – de modo que a filosofia e a política pudessem se basear em sustentáculos racionais e conscientes. Ambos demonstraram confiança numa racionalidade mais individualista que pudesse substituir as normas sociais e os costumes que vinham de muito tempo como guias para a ação, e ambos criam que potenciais desvios da racionalidade poderiam ser corrigidos por meio de proibições e sanções legais de um estado político centralizado.

Terceiro, caso os fundamentos políticos e as normas sociais exigissem corretivos para garantir estabilidade e previsibilidade, e (por fim) para aumentar o campo da liberdade individual, a sujeição humana ao domínio e aos limites da natureza também precisava ser superada. Uma «nova ciência da política» deveria ser acompanhada de uma nova ciência *natural* – em particular, de uma ciência que buscaria aplicações práticas voltadas para dar aos humanos uma chance na guerra contra a natureza.

O empregador de Hobbes, Francis Bacon, incentivou uma nova forma de filosofia natural que aumentaria o império humano sobre o mundo natural, oferecendo «alívio para a humanidade» por meio da expansão de aplicações úteis para o conhecimento humano.[5] Uma revolução na ciência moderna, portanto, pedia também a superação de tradições filosóficas tais como o estoicismo e a ênfase cristã na «aceitação» em favor da crença em uma capacidade humana expansível e potencialmente ilimitada para controlar as circunstâncias e para realizar os desejos humanos no mundo.

Embora nenhum desses pensadores fosse um liberal, dadas as reservas que demonstravam em relação a um governo popular, sua reconcepção revolucionária da política, da sociedade, da ciência e da natureza construiu as fundações do liberalismo moderno. Uma sucessão de pensadores nas décadas e séculos seguintes trabalharia a partir dessas três revoluções básicas do pensamento, redefinindo a liberdade como a libertação dos humanos da autoridade estabelecida, a emancipação em relação à cultura e à tradição arbitrárias, e a expansão do poder e do domínio humano sobre a natureza por meio das descobertas científicas e da prosperidade econômica. A ascensão e o triunfo do liberalismo exigiram esforços contínuos para minar a compreensão que os clássicos e o pensamento cristão tinham da liberdade, para desconstruir normas, tradições e práticas muito difundidas, e talvez acima de tudo para a reconceitualização do primado do indivíduo definido isoladamente dos acidentes arbitrários de nascimento, tendo o Estado como principal protetor dos direitos individuais e da liberdade.

A adoção liberal dessas revoluções do pensamento e da prática era uma aposta titânica de que

....

5 Francis Bacon, *Of the Advancement of Learning*, in: *The Works of Francis Bacon,* 14 vols. Ed. James Spedding, Robert Leslie Ellis e Douglas Denon Heath. Londres: Longmans, 1879, 3, pp. 294–5.

uma compreensão absolutamente nova da liberdade poderia ser perseguida e posta em prática por meio da superação das tradições filosóficas, religiosas e sociais precedentes e pela introdução de um novo relacionamento entre os humanos e a natureza. Aquela que se tornou a interpretação literal dos «Whigs» para a história política em grande medida afirma que essa aposta foi um sucesso inconteste. O advento do liberalismo marca o fim de uma era de ignorância, a libertação da humanidade das trevas, a superação da opressão e da desigualdade arbitrária, a queda da monarquia e da aristocracia, o avanço da prosperidade e da tecnologia moderna e o advento de uma era de progresso quase ininterrupto. O liberalismo seria responsável pelo fim das guerras religiosas, pelo início de uma era de tolerância e igualdade, pelas esferas crescentes da oportunidade pessoal e da interação social que hoje culminam com a globalização e pelas vitórias em curso sobre o sexismo, o racismo, o colonialismo, a heteronormatividade e uma série de outros preconceitos inaceitáveis que dividem, humilham e segregam.

A vitória do liberalismo foi declarada como absoluta e completa em 1989 no artigo seminal «O fim da história», de Francis Fukuyama, escrito depois do colapso do último oponente ideológico.[6] Fukuyama afirmava que o liberalismo tinha se mostrado o único regime legítimo com base no fato de ter resistido mais do que seus adversários e de ter derrotado todos os concorrentes e também pelo fato de que ele *funcionava* por estar de acordo com a natureza humana. Uma aposta que vinha sendo feita há cerca de quinhentos anos, e que tinha sido justificada inicialmente como um experimento político pelos Fundadores da república liberal americana exatamente duzentos anos antes da ousada

---

6 Francis Fukuyama, «The End of History», *The National Interest,* verão 1989.

afirmação de Fukuyama, tinha dado certo demonstrando uma clarividência sem precedentes no terreno tantas vezes confuso e cheio de contestações da filosofia e da prática política.

Um dos principais resultados da difundida visão segundo a qual o triunfo do liberalismo é completo e inconteste – na verdade, de que as contestações dos rivais não são mais dignas de consideração – é a conclusão dentro da ordem liberal de que vários males que assolam o corpo político, assim como as esferas civil e privada, ou são remanescentes que devem sua existência ao fato de o liberalismo estar sendo aplicado de maneira insuficiente, ou são problemas casuais que podem ser consertados por meio de políticas ou de tecnologias dentro do horizonte liberal. O sucesso do liberalismo torna difícil pensar na probabilidade de que a maior ameaça atual ao liberalismo não vem de fora, mas sim de dentro do próprio liberalismo. A força dessa ameaça vem da natureza fundamental do liberalismo, daquilo que se imagina ser a sua força – especialmente da crença que o liberalismo demonstra em sua capacidade de autocorreção e de sua crença no progresso e nas melhorias contínuas –, que o tornam em grande medida incapaz de perceber suas mais profundas fraquezas e o declínio que ele se autoimpõe. Todos os males da contemporaneidade, não importa quais sejam, podem ser consertados por uma aplicação mais perfeita das soluções liberais.

Entre esses males estão os efeitos corrosivos do ponto de vista social e cívico do interesse próprio – uma moléstia que surge da cura representada pela superação da confiança que os antigos tinham na virtude. Essa moléstia não se manifesta apenas de maneira crescente em todas as interações e instituições sociais, também se infiltra na política liberal. Ao minar todo apelo ao bem comum, ela induz a uma mentalidade do tipo soma-zero que se transforma numa polarização nacional para um conjunto de cidadãos cada vez mais movido por interesses privados e em grande medida materiais. De modo semelhante, a «cura» pela qual os indivíduos poderiam ser libertados de culturas autoritárias gera uma anomia social que exige a expansão das compensações legais, das políticas de proibição e de uma vigilância crescente. Por exemplo, como as normas sociais e o decoro se deterioraram e a ênfase no caráter foi rejeitada como sendo paternalista e opressiva, um número progressivamente maior de distritos escolares do país hoje usa câmeras de vigilância em escolas, uma fiscalização anônima que leva a punições *post-facto*. A cura representada pelo domínio humano da natureza produz consequências que sugerem que tal domínio é na melhor das hipóteses temporário e no fim das contas ilusório: os custos ecológicos da queima de combustíveis fósseis, os limites do uso ilimitado de antibióticos, os efeitos colaterais da demissão de trabalhadores substituídos pela tecnologia, e assim por diante. Entre os maiores desafios enfrentados pela humanidade está a capacidade de sobreviver ao progresso.

Talvez acima de tudo o liberalismo tenha exaurido uma herança pré-liberal de recursos que em certo momento sustentaram o liberalismo, mas que ele não é capaz de reabastecer. O afrouxamento dos vínculos sociais em praticamente todos os aspectos da vida – família, vizinhança, comunidade, religião e até mesmo nação – reflete a lógica do liberalismo e é a fonte de sua mais profunda instabilidade. O foco crescente no papel de governos centralizados nacionais e internacionais e as batalhas políticas cada vez mais intensas que isso gera são ao mesmo tempo consequência do movimento feito pelo liberalismo em direção à homogeneização e um dos indícios de sua fragilidade. O mercado global substitui uma série de subculturas econômicas, impondo uma lógica implacável de transações impessoais que levaram a uma crise do capitalismo e ao espectro de sua própria dissolução. Batalhas em áreas de políticas públicas como educação e saúde – em que se propõe que ou o Estado ou o mercado proverá a solução – refletem o enfraquecimento de formas de atenção que se baseavam em compromissos mais locais e em devoções que nem o Estado nem o mercado podem ter esperanças de replicar ou substituir. A marcha triunfante do liberalismo teve êxito em exaurir os recursos sociais e naturais que o liberalismo não criou e não pode repor, mas que sustentavam o liberalismo mesmo à medida que seu avanço erodia as suas jamais reconhecidas fundações.

O liberalismo foi uma aposta de que esse sistema seria capaz de produzir benefícios numa escala maior do que os custos que ele geraria, o que levou a humanidade a se tornar em grande medida insensível ao fato de que os custos acumulados são resultado dos benefícios anunciados. Assim, a maioria das pessoas vê hoje essa aposta como ganha, como algo cujo resultado já não está em debate. No entanto os indícios que se acumulam, quando vistos com clareza não como gerados por circunstâncias mas como produtos diretos da fruição do liberalismo, revelam que o responsável por cobrar nossa aposta logo vai bater na porta. Embora tenhamos sido lentos para perceber que as probabilidades do jogo favoreciam a banca, os indícios condenatórios recolhidos do próprio êxito liberal afirmam que apenas uma ideologia cega seria capaz de esconder a insustentabilidade do liberalismo.

Os arranjos estritamente legais e políticos do constitucionalismo moderno não constituem por si só um regime liberal, mas são animados por duas crenças fundamentais. O liberalismo é constituído num nível mais fundamental por um par de premissas antropológicas mais profundas que dão às instituições liberais uma orientação e uma forma particulares: 1) individualismo antropológico e a concepção voluntarista da escolha, e 2) o ser humano como algo isolado da natureza e oposto a ela. Essas duas revoluções na compreensão da natureza e da sociedade humanas constituem o «liberalismo» uma vez que introduzem uma definição radicalmente nova de «liberdade».

Voluntarismo Liberal

A primeira revolução, e o aspecto mais básico e mais distintivo do liberalismo, é basear a política na ideia do voluntarismo — a escolha irrestrita e autônoma dos indivíduos. O argumento foi articulado pela primeira vez na defesa protoliberal da monarquia feita por Thomas Hobbes. De acordo com Hobbes, os seres humanos existiam na natureza num estado de independência e autonomia radicais. Reconhecendo a fragilidade de uma condição em que a vida em tal estado é «sórdida, brutal e breve», os humanos empregam seu autointeresse racional para sacrificar a maior parte de seus direitos naturais para assegurar a proteção e a segurança de um soberano. A legitimidade é conferida pelo consentimento.

O Estado é criado para restringir as ações externas de indivíduos e restringe por meio da lei a atividade potencialmente destrutiva de seres humanos radicalmente separados. A lei é um conjunto de restrições práticas ao indivíduo autointeressado; Hobbes não presume a existência de uma autolimitação que nasça da preocupação mútua. Como ele escreve no *Leviatã*, a lei pode ser comparada a cercas, «não para impedir que os viajantes prossigam, mas para mantê-los no caminho»; ou seja, a lei limita a tendência natural das pessoas de agir com base em «desejos impetuosos, precipitação e indiscrição», e assim sempre age como uma restrição externa à nossa liberdade natural.[7] Por contraste, a liberdade persiste «onde a lei silencia», limitada apenas na mezdida em que as regras «autorizadas»

---

7 Thomas Hobbes, *Leviathan*. Ed. Edwin Curley. Indianapolis: Hackett, 1994, p. 229.

do Estado são explícitas.[8] Apenas o Estado pode limitar nossa liberdade natural: o Estado é o único criador e mantenedor da lei positiva, e ele inclusive determina quais são as expressões legítimas e ilegítimas da crença religiosa. O Estado é incumbido da manutenção da estabilidade social e da prevenção a um retorno à anarquia natural; ao fazer isso, ele «assegura» nossos direitos naturais.

Os seres humanos são assim, por natureza, criaturas não relacionais, separadas e autônomas. O liberalismo principia como um projeto pelo qual a legitimidade de todas as relações humanas – começando com os vínculos políticos, mas não se limitando a eles – se torna cada vez mais dependente de esses relacionamentos terem sido escolhidos, e escolhidos com base no que podem fazer para o autointeresse racional.

Como o sucessor filosófico de Hobbes, John Locke, compreendeu, a lógica voluntarista em última instância afeta todos os relacionamentos, incluindo os familiares. Locke – o primeiro filósofo do liberalismo – por um lado reconhece em seu *Segundo tratado sobre o governo* que a obrigação dos pais de criar seus filhos e os deveres correspondentes dos filhos de obedecer nascem do mandamento «Honra pai e mãe», mas afirma também que toda criança deve em última instância sujeitar sua herança à lógica do consentimento, e assim tem início (evocando a origem da sociedade humana) uma versão de estado de natureza em que agimos como indivíduos autônomos que fazem escolhas. «Pois os *Filhos de todo Homem* sendo por Natureza tão *livres* quanto ele, ou quanto qualquer um de seus Ancestrais, podem, estando nesta Liberdade, escolher a qual Sociedade irão se unir, a que Nações se filiarão. Porém, se forem gozar da *Herança* de seus Ancestrais, eles devem aceitá-la nos mesmos termos aceitos por seus Ancestrais, e se submeter a todas

---

8 Ibidem, p. 143.

as Condições anexas a esta Posse.»[9] Mesmo aqueles que adotam a herança dos pais em todos os aspectos o fazem por meio da lógica do consentimento, ainda que tácito.

Até mesmo o casamento, afirma Locke, deve por fim ser compreendido como um contrato cujas condições são temporárias e sujeitas a revisão, particularmente depois que os deveres ligados à criação dos filhos estiverem completos. Se essa lógica abrangente da escolha se aplica aos mais elementares relacionamentos familiares, então ela se aplica ainda mais aos laços menos firmes que ligam as pessoas a outras instituições e associações, cuja filiação está sujeita a constante monitoramento e avaliação para saber se esse vínculo está beneficiando os direitos individuais do sujeito ou se, pelo contrário, está trazendo fardos indevidos para esses direitos.

Isso não quer dizer que uma era pré-liberal desprezasse a ideia da escolha livre do indivíduo. Entre outros modos significativos pelos quais o cristianismo pré-liberal contribuiu para uma expansão da escolha humana está a transformação da ideia de casamento, que passou de uma instituição baseada em considerações ligadas à família e à propriedade para uma escolha feita por indivíduos que davam seu consentimento com base no amor sacramental. O que era novo é que a base padrão para avaliar instituições, a sociedade, afiliações, associações e até mesmo relacionamentos pessoais passou a ser dominada por considerações de escolha individual baseadas no cálculo do interesse próprio do indivíduo, e sem maiores considerações sobre o impacto das decisões pessoais sobre a comunidade, sobre as obrigações que se tem com a ordem criada e em última instância com Deus.

O liberalismo começou com a afirmação explícita de que ele meramente descreve nosso processo

---

9 John Locke, *Second Treatise of Government*. Ed. C. B. MacPherson. Indianapolis: Hackett, 1980, p. 40.

de tomada de decisão política, social e privada. No entanto, ele implicitamente constituía um projeto normativo: o que ele apresentava como descrição do voluntarismo humano na verdade tinha de substituir uma forma muito diferente de autocompreensão e de experiência humana. Com efeito, a teoria liberal buscou educar as pessoas a pensar de modo diferente sobre si mesmas e seus relacionamentos. O liberalismo muitas vezes alega ser neutro em relação às escolhas que as pessoas fazem numa sociedade liberal; ele é o defensor do «Justo», e não de alguma concepção específica de «Bem».

No entanto ele não é neutro com relação à base usada pelas pessoas para tomar suas decisões. Do mesmo modo que cursos de economia alegam meramente descrever os seres humanos como atores individuais que maximizam utilidade, mas na verdade influenciam os alunos a agir de modo mais egoísta, o liberalismo ensina as pessoas a colocar uma cerca entre si e seus compromissos e a adotar relações e vínculos flexíveis. Não apenas todos os relacionamentos políticos e econômicos são vistos como passíveis de substituição e sujeitos a constante redefinição, como o mesmo vale para *todos* os relacionamentos – com lugares, vizinhanças, com a nação, com a família e com a religião. O liberalismo incentiva conexões frouxas.

A GUERRA CONTRA A NATUREZA

A segunda revolução, e a segunda premissa antropológica constitutiva do liberalismo, é menos visivelmente política. O pensamento político pré-moderno – particularmente o pensamento moldado pela compreensão aristotélica da ciência natural – entendia a criatura humana como parte de uma ordem natural abrangente. Acreditava-se que os humanos tinham um *telos*, um objetivo fixo, dado pela natureza e imutável. A natureza humana era contínua com a ordem do mundo natural, e sendo assim a humanidade precisava se ajustar tanto à sua própria natureza quanto, num sentido mais amplo, à ordem natural de que era parte. Os seres humanos poderiam agir livremente contra sua natureza e contra a ordem natural, mas essas ações os deformavam e prejudicavam o bem dos seres humanos e do mundo. A *Ética* de Aristóteles e a *Suma teológica* de Tomás de Aquino são ambas esforços para delinear os limites que a natureza – a lei natural – impõe aos seres humanos. Ambas buscam educar os homens sobre como viver melhor dentro desses limites pela prática das virtudes, atingindo uma situação de florescimento humano.

A filosofia liberal rejeitou essa exigência da autolimitação humana. Eliminou a ideia de uma ordem natural a que a humanidade está sujeita e mais tarde a própria noção de natureza humana. O liberalismo inaugurou uma transformação nas ciências naturais e humanas e no relacionamento da humanidade com o mundo natural. A primeira onda dessa revolução – inaugurada pelos pensadores do início da modernidade, remontando à Renascença – insistia que o homem deveria empregar a ciência natural e um sistema econômico transformado para ir em busca do domínio da natureza. A segunda onda – desenvolvida em grande medida por várias escolas historicistas de pensamento no século XIX – substituiu a crença na ideia de uma natureza humana fixada pela crença em uma «plasticidade» humana e pela capacidade de progresso moral. Essas duas versões do liberalismo – frequentemente rotuladas de «conservadora» e «progressista» – disputam hoje a supremacia, mas faremos melhor se compreendermos sua profunda interconexão.

O pensador protoliberal que inaugurou a primeira onda de transformação liberal foi Francis Bacon. Assim como Hobbes (que foi secretário de Bacon), ele atacou a antiga compreensão aristotélica e tomista da natureza e da lei natural e defendeu a capacidade humana de «dominar» ou «controlar» a natureza – chegando a reverter os efeitos da Queda, incluindo até mesmo a possibilidade de superar a mortalidade humana.[10]

O liberalismo se tornou intimamente associado a essa nova orientação das ciências naturais, e não só adotou como propagou um sistema econômico – a livre-empresa e o livre mercado – que de modo semelhante promovia o uso, a conquista e o domínio do mundo natural pelo ser humano. O liberalismo do início da modernidade defendia que a natureza *humana* era imutável – os seres humanos eram, por natureza, criaturas cheias de interesse próprio cujos impulsos básicos poderiam ser controlados mas não alterados de modo fundamental. Porém esse aspecto autointeressado, possessivo da nossa natureza poderia, caso controlado de maneira útil, promover um sistema econômico e científico que aumentaria a liberdade humana por meio da capacidade dos seres humanos de exercerem domínio sobre os fenômenos naturais.

A segunda onda dessa revolução tem início como crítica explícita a essa visão da humanidade. Pensadores que vão de Rousseau a Marx, de Mill a Dewey, e de Richard Rorty aos contemporâneos «transumanistas» rejeitam a ideia de que a natureza humana seja fixa. Eles adotam a ideia dos teóricos da primeira onda de que a natureza está sujeita à conquista humana e a aplicam à própria natureza humana.

Os liberais de primeira onda são representados hoje pelos «conservadores», que ressaltam a necessidade de um domínio científico e econômico sobre a natureza, mas não estendem esse projeto à natureza humana. Eles dão apoio a praticamente todo uso utilitário do mundo para fins econômicos, mas

---

10 Francis Bacon, *Valerius Terminus*, «*Of the Interpretation of Nature*», in: J. Spedding, R. L. Ellis e D. D. Heath, *The Works of Francis Bacon*, v. 3, p. 218.

se opõem à maior parte das formas de «melhorias» biotecnológicas. Os liberais de segunda onda aprovam praticamente qualquer meio técnico de libertação dos humanos da natureza biológica de nossos próprios corpos. Os debates políticos de hoje ocorrem em grande medida e quase exclusivamente entre essas duas variedades de liberais. Nenhum dos lados confronta a compreensão fundamentalmente alternativa da natureza humana e do relacionamento entre os seres humanos e a natureza defendida pela tradição pré-liberal.

O liberalismo portanto não é meramente, embora seja com frequência retratado assim, um projeto político estritamente ligado ao governo constitucional e à defesa jurídica dos direitos. Pelo contrário, ele busca transformar toda a vida humana e o mundo. Suas duas revoluções – seu individualismo antropológico e a concepção voluntarista de escolha, e sua insistência na separação e na oposição entre homem e natureza – criaram sua nova e distintiva compreensão de liberdade como a mais extensa expansão possível da esfera de atividade humana autônoma.

O liberalismo rejeita a antiga concepção de liberdade como a capacidade aprendida pelos seres humanos de dominar a busca servil de desejos básicos e hedonistas. Esse tipo de liberdade é uma condição do autogoverno tanto para a cidade quanto para a alma, aproximando bastante o cultivo individual e a prática da virtude e as atividades compartilhadas de autolegislação. Uma preocupação central de tais sociedades se torna a formação e a educação abrangente de indivíduos e cidadãos na arte e na virtude do autogoverno.

O liberalismo, pelo contrário, compreende a liberdade como a condição em que o indivíduo pode agir livremente dentro da esfera que não sofre restrições legais. Esse conceito efetivamente faz surgir aquilo que era meramente teórico em seu imaginário estado de natureza, moldando um mundo em que a teoria do individualismo natural humano se torna cada vez mais uma realidade, hoje assegurada por meio da arquitetura da lei, da política, da economia e da sociedade. Sob o liberalismo, os seres humanos cada vez mais vivem em uma condição de autonomia em que a anarquia que supostamente era uma ameaça em nossa condição natural é controlada e suprimida pela imposição de leis e pelo correspondente crescimento do Estado. Com a humanidade libertada das comunidades constitutivas (restando apenas conexões frouxas) e a natureza dominada e sob controle, a esfera construída da liberdade autônoma se expande aparentemente sem limites.

Ironicamente, quanto mais a esfera de autonomia fica assegurada, mais abrangente o Estado precisa se tornar. A liberdade, definida desse modo, exige a libertação de todas as formas de associação e relacionamentos, desde a família até a Igreja, desde as escolas até a vila e a comunidade, que exerciam controle sobre o comportamento por meio de expectativas e normas informais e adquiridas pelo hábito. Esses controles em grande medida eram culturais, não políticos – a lei era menos vasta e existia em grande parte como uma continuidade das normas culturais, e as expectativas informais de comportamento eram aprendidas por meio da família, da Igreja e da comunidade. Com a libertação dos indivíduos dessas associações, há uma necessidade maior de regulamentar o comportamento por meio da imposição da lei positiva. Ao mesmo tempo, à medida que a autoridade das normas sociais se dissipa, elas são cada vez mais percebidas como residuais, arbitrárias e opressivas, levando a pedidos para que o Estado trabalhe ativamente por sua erradicação.

O liberalismo assim culmina em dois pontos ontológicos: o indivíduo liberto e o Estado controlador. O *Leviatã* de Hobbes retratou perfeitamente essas realidades: o Estado é composto unicamente de indivíduos autônomos, e esses indivíduos são «contidos» pelo Estado. O indivíduo e o Estado marcam dois pontos de prioridade ontológica.

Neste mundo, a gratidão ao passado e as obrigações com o futuro são substituídas por uma busca quase universal de gratificação imediata: a cultura, em vez de compartilhar da sabedoria e da experiência do passado a fim de cultivar as virtudes do autodomínio e da civilidade, se torna sinônimo de deleite hedonista, crueza visceral e distração, tudo voltado para promover o consumo, o apetite e o desinteresse. Como resultado, comportamentos superficialmente automaximizadores, socialmente destrutivos, começam a dominar a sociedade.

Nas escolas, as normas de recato, comportamento e honestidade acadêmica são substituídas por um desregramento generalizado e pela trapaça (e por uma vigilância cada vez maior dos jovens), ao mesmo tempo que, no momento angustiante da adolescência, as normas de namoro são substituídas por «ficadas» e encontros sexuais utilitários. A norma do casamento estável pela vida toda é substituída por vários arranjos que garantem a autonomia dos indivíduos, sejam casados ou não. As crianças são cada vez mais vistas como uma limitação à liberdade individual, o que contribui para o compromisso do liberalismo com o aborto sob demanda, ao mesmo tempo que as taxas de nascimento em geral diminuem no mundo desenvolvido. No campo econômico, o impulso para obter lucros rápidos, muitas vezes gerado por demandas incessantes de lucratividade rápida, substitui o investimento e a poupança. E, em nosso relacionamento com o mundo natural, a exploração de curto prazo da generosidade do planeta se torna nosso direito de nascença, mesmo que isso force nossos filhos a lidar com a escassez de tais recursos, como áreas plantáveis e água potável. A restrição dessas práticas é compreendida (se tanto) como atribuição do Estado, que deve ser feita por meio da lei positiva, e não como resultado do autogoverno nascido de normas culturais.

Com base na premissa de que a atividade básica da vida é a busca daquilo que Hobbes chamou de «poder sobre poder que cessa apenas com a morte» – que Alexis de Tocqueville mais tarde descreveu como «inquietude» ou «desassossego» –, a busca ilimitada por autorrealização e maior poder para satisfazer os desejos humanos exige um crescimento econômico cada vez mais acelerado e um consumo generalizado. A sociedade liberal mal pode sobreviver a uma diminuição de velocidade desse crescimento, e entraria em colapso caso algum dia esse crescimento parasse ou se revertesse por um período. O único objeto e a única justificativa dessa indiferença aos fins humanos – da ênfase na supremacia do «Justo» sobre o «Bem» – é a visão que o liberalismo tem do ser humano como indivíduo que se expressa e que molda a si mesmo. Essa aspiração exige que não sejam feitas escolhas realmente difíceis. Só existem diferentes opções de estilo de vida.

Os fundadores do liberalismo tendiam a dar como assegurada a persistência das normas sociais, mesmo buscando libertar os indivíduos das associações constitutivas e da educação voltada para a autolimitação que sustentavam essas normas. Em seus primeiros momentos, a saúde e a continuidade das famílias, das escolas e das comunidades foram dadas como certas, mas simultaneamente suas fundações estavam sendo filosoficamente erodidas. Essa erosão levou, por sua vez, a que esses bens fossem erodidos na realidade, à medida que o avanço do liberalismo tornava mais tênue o poder normativo dessas instituições. No estágio avançado do liberalismo, a exaustão passiva desses recursos se tornou destruição ativa: o que restava das associações historicamente encarregadas do cultivo das normas cada vez mais é visto como obstáculo à liberdade autônoma, e o aparato do Estado se volta para a tarefa de libertar os indivíduos de tais vínculos.

No campo material e da economia, o liberalismo drenou repositórios antiquíssimos de recursos em seu empreendimento de conquista da natureza. Não importa qual seja o programa político dos líderes de hoje, *mais* é o programa incontestável. O liberalismo só pode funcionar por meio do aumento constante de mercadorias de consumo disponíveis, e portanto por meio da expansão constante da conquista e do domínio da natureza. Ninguém pode aspirar a uma posição de liderança política fazendo um apelo por limites e autodomínio.

O liberalismo foi portanto uma aposta titânica de que as antigas normas de comportamento poderiam ser removidas em nome de uma nova forma de libertação e de que a conquista da natureza forneceria o combustível para permitir que fizéssemos uma quantidade praticamente infinita de escolhas. Os resultados gêmeos desse esforço – o esgotamento do autodomínio moral e o esgotamento de recursos materiais – tornam inevitável uma investigação sobre o que virá depois do liberalismo.

Se eu tenho razão ao afirmar que o projeto liberal é em última instância contraditório consigo mesmo e que culmina com o esgotamento duplo dos recursos morais e materiais de que ele depende, então nós estamos diante de uma escolha. Podemos procurar formas mais locais de autogoverno por escolha, ou, caso não façamos isso, sofrer uma oscilação entre uma anarquia crescente e a imposição da ordem à força por um Estado cada vez mais desesperado. Levado à sua conclusão lógica, o estágio final do liberalismo é insustentável em todos os aspectos: ele não tem como garantir perpetuamente a ordem a uma coletividade de indivíduos autônomos que demonstram adesão cada vez menor a normas sociais constitutivas, nem tem como oferecer crescimento material infinito em um mundo limitado. Podemos escolher um futuro de autodomínio nascido da prática e da experiência de autogovernos em comunidades locais ou podemos ir inexoravelmente rumo a um futuro em que a extrema falta de limites coexiste com a extrema opressão.

A antiga afirmação de que o homem é um animal político, e que deve por meio do exercício e da prática da virtude aprendida em comunidade desenvolver uma forma de autodomínio local e comunitária – uma condição adequadamente compreendida como liberdade –, não pode ser eternamente negada sem custos. Atualmente tentamos tratar os inúmeros sintomas sociais, econômicos e políticos da liberdade do liberalismo, porém não as fontes mais profundas desses sintomas, a patologia básica dos compromissos filosóficos do liberalismo.

Embora a maior parte dos comentaristas veja nossa crise atual – seja do ponto de vista moral, seja do ponto de vista econômico – como um problema técnico a ser resolvido por meio de políticas melhores, nossos cidadãos mais conscientes devem pensar se essa crise não é o prelúdio de um terremoto mais sistêmico ainda por vir. Ao contrário dos antigos romanos que, confiando em sua cidade eterna, não conseguiam imaginar uma condição depois de Roma, a crescente barbárie dentro dos muros da cidade nos força hoje a pensar na perspectiva de que existe um caminho melhor à nossa espera.

Capítulo 2

Unindo Individualismo e Estatismo

A divisão básica da política moderna desde a Revolução Francesa tem sido entre a esquerda e a direita, o que reflete os lados respectivos da Assembleia Nacional Francesa, onde os revolucionários se congregavam à esquerda e os monarquistas se reuniam à direita. Os termos perduraram porque capturam duas visões de mundo básicas e opostas. A esquerda se caracteriza por uma preferência por mudança e reforma, um compromisso com a liberdade e a igualdade, uma orientação para o progresso e o futuro, ao passo que a direita é o partido da ordem e da tradição, da hierarquia e de uma disposição a valorizar o passado. Independentemente de ser descrita como esquerda versus direita, azuis versus vermelhos ou liberais versus conservadores, essa divisão básica parece capturar uma divisão permanente entre duas disposições humanas fundamentais, assim como duas visões de mundo que são mutuamente exclusivas e que, somadas, exaurem as opções políticas. Se uma das primeiras questões que se coloca diante de alguém que acaba de ter um filho é se o bebê é menina ou menino, a questão que provavelmente nos define desde o fim da adolescência é se nos colocamos à esquerda ou à direita na política.

Grande parte da vida contemporânea se organiza em torno dessa divisão básica – não apenas a máquina política, que é uma pletora de comentaristas, veículos, consultores, pesquisadores e políticos liberais ou conservadores, classificados de acordo com esses rótulos, como também vizinhanças, profissões, escolas e até mesmo a escolha da religião da pessoa.¹ As pessoas tendem a sentir que têm mais em comum com outros que compartilham das mesmas opiniões políticas mesmo vindo de áreas diferentes do país (ou até de outros países), sendo de etnias ou origens raciais diferentes, e – o que é impressionante, tendo em vista a história das guerras religiosas – pertencendo a religiões diferentes. Hoje, um evangélico conservador tem maior probabilidade de sentir amizade e confiança por um judeu ortodoxo ou por um católico tradicionalista do que por um luterano liberal. Um liberal branco do sul dos Estados Unidos provavelmente se sentirá mais à vontade ao revelar suas visões políticas para um negro do norte do país que seja ligado ao Partido Democrata do que para um conservador branco de sua vizinhança. Um homossexual progressista e um cristão liberal rapidamente vão reconhecer pontos em comum. Mais do que nunca, ao entrarmos numa era em que o uso de pronomes diferenciadores de sexualidade é desestimulado em campi universitários e em que diferenças regionais se dissipam no caldeirão de nossa monocultura nacional, o alinhamento político parece ser a única marca remanescente inescapável e eterna, até mesmo natural e inevitável, definindo o cerne de nossa identidade.

Tendo em vista a capacidade que essa divisão básica tem de moldar a visão de mundo de quase toda pessoa politicamente consciente vivendo hoje numa sociedade liberal, parece praticamente impensável sugerir que ela é bem menor do que

---

1 Bill Bishop, *The Big Sort: Why the Clustering of Like-Minded America Is Tearing Us Apart*. Nova York: Houghton Mifflin Harcourt, 2008; Marc J. Dunkelman, *The Vanishing Neighbor: The Transformation of American Community*. Nova York: Norton, 2014; Charles A. Murray, *Coming Apart: The State of White America, 1960–2010*. Nova York: Crown Forum, 2012; Robert D. Putnam e David E. Campbell, *American Grace: How Religion Divides and Unites Us*. Nova York: Simon and Schuster, 2010.

imaginamos – e que na verdade a aparente impossibilidade de uma ponte sobre o precipício que separa os dois lados mascara uma visão de mundo mais fundamental e compartilhada. O projeto de levar adiante a ordem liberal adota a forma superficial de uma batalha entre inimigos aparentemente viscerais, e a energia e a amargura dessa disputa ocultam uma cooperação mais profunda que termina favorecendo o liberalismo como um todo.

A paisagem americana moderna é ocupada por dois partidos envolvidos numa batalha permanente. Um, tido como «conservador», defende o projeto da liberdade individual e da igualdade de oportunidades especialmente por meio da defesa de um mercado livre e sem restrições; o outro, tido como liberal, pretende assegurar uma maior igualdade econômica e social por meio de uma ampla confiança nos poderes regulatório e judicial do governo nacional. Nossa narrativa política dominante opõe defensores da liberdade individual – articulada por autores da tradição liberal como John Locke e os fundadores dos Estados Unidos – ao estatismo dos liberais «progressistas» inspirados por figuras como John Stuart Mill e John Dewey. As duas visões de mundo são vistas como irreconciliáveis.

Essas posições aparentemente contrárias são familiares até mesmo para o observador casual da política americana contemporânea, com conservadores – herdeiros do liberalismo clássico – tipicamente denunciando o estatismo e os liberais – herdeiros do progressismo – criticando o individualismo. Os dois lados se opõem em todas as questões políticas com base nessa divisão básica, o que inclui debates contemporâneos sobre políticas econômicas e comerciais, atendimento de saúde, assistência social, meio ambiente e uma série de temas bastante polêmicos. Essas batalhas muitas vezes se resumem a um debate básico sobre se os fins da sociedade são mais bem atendidos pelas forças do mercado com uma interferência relativamente pequena do

Estado, ou se por programas governamentais que possam distribuir benefícios e apoio de maneira mais justa do que o mercado.

Sendo assim, os liberais clássicos afirmam que o indivíduo é fundamental e que, por meio de um ato de contrato e consentimento, faz surgir um governo limitado. Os liberais progressistas afirmam que o indivíduo jamais é completamente autossuficiente, e que pelo contrário devemos nos ver como mais profundamente definidos pelo nosso pertencimento a uma unidade maior da humanidade. Como os dois lados parecem ser definidos não apenas por uma divisão política escancarada mas também por premissas antropológicas diferentes, parece difícil encontrar a base comum mais profunda que ambos compartilham.

O individualismo e o estatismo avançam juntos, sempre dando apoio mútuo um ao outro, e sempre à custa de relações vividas e vitais que contrastam tanto com o caráter absoluto do indivíduo autônomo quanto com a abstração de nosso pertencimento a um Estado. De modos distintos porém relacionados, a direita e a esquerda cooperam para a expansão tanto do estatismo quanto do individualismo, embora a partir de perspectivas diferentes, usando meios diferentes e afirmando ter agendas diferentes. Essa cooperação mais profunda ajuda a explicar como pôde acontecer que os Estados liberais contemporâneos – seja na Europa ou na América – tenham se tornado simultaneamente mais estatistas, com a autoridade central investida cada vez de poderes maiores, e mais individualistas, com as pessoas se tornando cada vez menos associadas e envolvidas com instituições mediadoras, como as associações voluntárias, os partidos políticos, as igrejas, as comunidades e até mesmo a família. Tanto para «liberais» quanto para «conservadores», o Estado se torna o maior impulsionador do individualismo, ao passo que o individualismo se torna a principal fonte de aumento do poder e da autoridade do Estado.

Essa ligação mais profunda entre direita e esquerda deriva de duas fontes principais: a primeira, filosófica, já que tanto a tradição liberal clássica quanto a tradição liberal progressista defendem o papel central do Estado na criação e na expansão do individualismo; e a segunda, prática e política, com esse projeto filosófico conjunto fortalecendo uma expansão tanto do poder estatal quanto do individualismo. No capítulo anterior retratei rapidamente como os dois «lados» do liberalismo, embora aparentemente envolvidos numa disputa intensa, juntos levam adiante as principais bandeiras do projeto liberal. Neste capítulo, exploro esse empreendimento cooperativo mais profundo de modo mais detalhado, com atenção particular tanto às fontes filosóficas dentro da tradição liberal quanto à sua aplicação no contexto americano.

Tanto o liberalismo «clássico» quanto o «progressista» defendem o avanço do liberalismo com base na libertação do indivíduo das limitações de lugar, tradição, cultura e qualquer relacionamento que não tenha sido escolhido. Ambas as tradições – apesar de todas as diferenças quanto aos meios para realizar isso – podem ser tidas como liberais por causa desse compromisso fundamental com a libertação do indivíduo e com o uso da ciência natural, auxiliado pelo Estado, como meio primário para atingir a libertação prática das limitações da natureza. Portanto estatismo e individualismo crescem juntos, ao passo que as instituições locais e o respeito pelos limites naturais diminuem. Apesar de todas as suas diferenças, essa ambição moveu pensadores que vão de John Locke a John Dewey, de Francis Bacon a Francis Bellamy, de Adam Smith a Richard Rorty.

FONTES FILOSÓFICAS E IMPLICAÇÕES PRÁTICAS – LIBERALISMO CLÁSSICO

Pode ser uma afirmação surpreendente, uma vez que a filosofia do liberalismo clássico parece sugerir o oposto: não que o Estado ajuda a criar o indivíduo, mas, pelo contrário – de acordo com a teoria do contrato social –, que os indivíduos, livres e iguais por natureza, por meio de consentimento fazem surgir um Estado limitado. Tanto Hobbes quanto Locke – apesar de suas diferenças – começam concebendo os seres humanos não como partes de algo maior mas como seres completos e isolados. Somos por natureza «livres e independentes», naturalmente sem governo e até mesmo não relacionais. Como brincou Bertrand de Jouvenel ao falar sobre o contratualismo, era uma filosofia concebida por «homens sem filhos que devem ter se esquecido da própria infância».[2] A liberdade é uma condição de completa ausência de governo e de lei, em que «tudo é justo» – ou seja, tudo que o indivíduo possa desejar pode ser feito. Mesmo que se demonstre que essa condição é insustentável, a definição de liberdade natural postulada no «estado de natureza» se torna um ideal regulador – a liberdade é idealmente a capacidade do agente de fazer o que lhe aprouver. Em contraste com a teoria antiga – que via a liberdade como algo a ser obtido apenas por meio do autogoverno virtuoso –, a teoria moderna define a liberdade como a maior busca e satisfação possíveis dos apetites, ao passo que o governo é uma limitação convencional e não natural a essa busca.

Tanto para Hobbes quanto para Locke, nós entramos em um contrato social não apenas para assegurar nossa sobrevivência mas também para tornar o exercício de nossa liberdade mais seguro. Tanto Hobbes quanto Locke – mas especialmente

---

2 Bertrand de Jouvenel, *The Pure Theory of Politics*. Indianapolis: Liberty Fund, 2000, p. 60.

Locke – compreendem que a liberdade em nossa condição pré-política é limitada não apenas pela competição desregrada com outros indivíduos como também por nossas naturezas recalcitrantes e hostis. Um dos principais objetivos da filosofia de Locke é expandir as perspectivas de nossa liberdade – definida como a capacidade de satisfazer nossos apetites – por meio dos auspícios do Estado. A lei não é uma disciplina para o autogoverno, e sim o meio para expansão da liberdade pessoal: «A finalidade da lei não é abolir ou restringir a liberdade, e sim preservá-la e ampliá-la».[3] Aceitamos os termos do contrato social porque ele na verdade aumentará nossa liberdade pessoal ao eliminar costumes e até mesmo leis que possam ser vistas como limitações à liberdade individual, mesmo que isso expanda as perspectivas de controle humano sobre o mundo natural. Locke escreve que a lei serve para aumentar a liberdade, e com isso ele está se referindo a nossa libertação dos limites impostos pelo mundo natural.

Assim, de acordo com a teoria liberal, embora o indivíduo «crie» o Estado por meio do contrato social, em um sentido prático o Estado liberal «cria» o indivíduo ao fornecer as condições para a expansão da liberdade, definida cada vez mais como a capacidade do ser humano de expandir seu domínio sobre as circunstâncias. Em vez de ser um conflito inerente entre o indivíduo e o Estado – como sugere grande parte do jornalismo político moderno –, o liberalismo estabelece uma conexão intensa e profunda: seu ideal de liberdade só pode ser realizado por meio de um Estado poderoso. Se a expansão da liberdade é assegurada pela lei, então o oposto também se verifica na prática: aumentar a liberdade exige a expansão da lei. O Estado não serve meramente como árbitro entre indivíduos em conflito;

---

3 Locke, *Second Treatise of Government*. Ed. C. B. MacPherson. Indianapolis: Hackett, 1980, p. 32.

ao assegurar nossa capacidade de participar de atividades produtivas, especialmente do comércio, ele estabelece uma condição na realidade que em teoria só existia no estado de natureza: a conquista sempre crescente do indivíduo autônomo.

Assim, um dos papéis principais do Estado liberal passa a ser a libertação ativa dos indivíduos de quaisquer condições limitantes. Na vanguarda da teoria liberal está a libertação das limitações naturais para a satisfação de nossos desejos – sendo um dos objetivos centrais da vida, de acordo com Locke, a «indolência do corpo». Um dos principais agentes dessa libertação passa a ser o comércio, a expansão das oportunidades e dos materiais por meio dos quais é possível realizar desejos existentes como também criar novos que nem sabíamos ter. O Estado fica incumbido de estender a esfera do comércio, particularmente aumentando o escopo do comércio, da produção e da mobilidade.[4] A expansão dos mercados e a infraestrutura necessária para essa expansão não são resultado da «ordem espontânea»; pelo contrário, exigem uma estrutura estatal vasta e em expansão, que por vezes deve obter a submissão de participantes recalcitrantes e relutantes do sistema. Inicialmente, esse esforço é exercido pela economia doméstica local, na qual o Estado deve garantir a racionalização e a imposição de mercados modernos impessoais. No entanto, com a passagem do tempo, esse projeto se torna um dos principais impulsos do imperialismo liberal, um imperativo justificado, entre outros, por John Stuart Mill em seu tratado *Considerações sobre o governo representativo*, no qual faz um apelo para que povos «não civilizados» sejam compelidos para que possam ter vidas produtivas, ainda que possam ser

---

4 A Constituição de fato incumbe o Congresso de «promover o progresso das ciências e das artes úteis».

«temporariamente forçados a isso», inclusive por meio da instituição da «escravidão pessoal».[5]

Um dos principais objetivos da expansão do comércio é a libertação dos indivíduos de seus laços e relacionamentos tradicionais. O Estado liberal não apenas se presta à função reativa de arbitrar e proteger a liberdade individual; ele também assume um papel ativo na «libertação» de indivíduos que, segundo a visão do Estado, são impedidos de tomar decisões completamente livres como agentes liberais. No cerne da teoria liberal está a suposição de que o indivíduo é a unidade básica da existência humana, a única entidade humana natural que existe. A prática liberal, a partir daí, busca expandir as condições para a realização desse indivíduo. O indivíduo deve ser libertado de todas as afiliações parciais e limitantes que precederam o Estado liberal, se não à força, pela diminuição constante das barreiras que impedem sua saída. O Estado afirma governar todos os grupos dentro da sociedade; ele é o árbitro final de quais grupos são legítimos ou ilegítimos, e desse ponto de vista simplifica a relação entre o indivíduo e o Estado liberal.

Numa reversão do método científico, aquilo que é defendido como argumento filosófico se transforma posteriormente em realidade. O indivíduo é um ator desvinculado que age em nome de seus próprios interesses econômicos, que não existia em nenhum estado de natureza real e foi criação de uma elaborada intervenção realizada pelo incipiente Estado em princípios da era moderna, no início da ordem liberal. A imposição da ordem liberal vem acompanhada pelo mito legitimador de que sua forma foi livremente escolhida por indivíduos sem nenhum fardo; o fato de que ela foi consequência de uma extensa intervenção estatal é ignorado por

---

5 John Stuart Mill, «Considerations on Representative Government», in: *On Liberty and Other Essays*. Ed. John Gray. Oxford: Oxford University Press, 2008, p. 232.

quase todos os estudiosos. Poucas obras deixaram essa intervenção mais clara do que o clássico estudo feito pelo historiador e sociólogo Karl Polanyi *A grande transformação*.[6] Polanyi descreve o modo como os arranjos econômicos foram separados dos contextos culturais e religiosos particulares em que eram vistos como servindo a finalidades morais – e postula que esses contextos não apenas limitavam ações como também impediam a compreensão de que era possível realizar de maneira adequada atos econômicos em nome de interesses e prioridades individuais. As trocas econômicas feitas assim, diz Polanyi, punham como prioridade os grandes fins da vida social, política e religiosa – a manutenção da ordem da comunidade e o florescimento das famílias dentro dessa ordem.[7] A compreensão de uma economia baseada em cálculos acumulados de indivíduos automaximizadores não era um mercado propriamente dito. Um mercado era visto como um verdadeiro espaço físico dentro da ordem social, e não como um espaço autônomo, teórico para trocas feitas por maximizadores abstratos de utilidade.

Segundo Polanyi, a substituição dessa economia exigiu uma reformulação deliberada e muitas vezes violenta das economias locais, na maioria das vezes levadta a cabo pela elite econômica e por atores estatais, causando perturbações e por vezes eliminando comunidades e práticas tradicionais. A «individuação» das pessoas não apenas exigiu a separação dos mercados de seus contextos mas também precisou que as pessoas aceitassem que seu trabalho e os produtos dele não eram nada além de

---

6 Karl Polanyi, *The Great Transformation: The Political Origins of Our Time*. Boston: Beacon, 2001. Mais recentemente, um argumento semelhante foi usado por Brad S. Gregory em seu magistral *The Unintended Reformation: How a Religious Revolution Secularized Society*. Cambridge: Belknap Press of Harvard University Press, 2012.

7 Ver especialmente Polanyi, *The Great Transformation*, pp. 45–58.

mercadorias sujeitas a mecanismos de precificação, um modo transformador de pensar tanto as pessoas como a natureza em termos utilitários e individualistas. No entanto o liberalismo de mercado exigia que tanto as pessoas como os recursos naturais fossem tratados como «mercadorias fictícias» – como insumo para uso em processos industriais – para possibilitar a dissociação entre mercado e moral e «retreinar» as pessoas a se verem como indivíduos separados na natureza e uns dos outros. Como Polanyi diz concisamente sobre essa transformação, «o *laissez-faire* foi planejado».[8]

Esse processo se repetiu inúmeras vezes na história da economia política moderna: em esforços para erradicar as guildas medievais, na polêmica dos cercamentos, na supressão dos «luditas» pelo Estado, no apoio estatal aos proprietários contra o trabalho sindicalizado e nos esforços governamentais para esvaziar as fazendas do país por meio da utilização de equipamentos mecanizados e industriais. Ele foi, de maneiras complexas, um dos motivos por trás da Guerra Civil Americana, que, apesar da legitimidade da eliminação do trabalho escravo, também causou a expansão, apoiada pelo Estado, de um sistema econômico nacional, cuja oposição ficou para sempre maculada pela culpa por sua associação com a escravidão sulista.[9] Vemos seu legado hoje na expansão em curso dos mercados globais por meio de acordos de livre-comércio apoiados com ardor pelos chamados conservadores, muitas vezes com o objetivo de modificar

---

8 Ibidem, p. 147.

9 Algumas das mais poderosas acusações contra o industrialismo são encontradas em textos de autores sulistas, e por isso desprezadas como defesas de uma ordem econômica injusta. Ver, por exemplo, Twelve Southerners, *I'll Take My Stand: The South and the Agrarian Tradition* (Nova York: Harper, 1930), e a resposta de Wendell Berry a essa acusação em *The Hidden Wound* (Boston: Houghton Mifflin, 1970).

e em última instância substituir culturas nativas, o que poderia inquietar críticos do processo implacável de globalização saídos tanto da tradição conservadora burkiana quanto de tendência marxista.[10] O papel do Estado em garantir a existência de um mercado nacional foi apoiado em anos recentes por esforços para eliminar vários padrões ambientais definidos pelo Estado – ironicamente, uma atividade a que aderiram com ardor os «conservadores» do Partido Republicano, que em geral são defensores estridentes dos direitos dos estados.[11]

Desde a aurora da modernidade até as manchetes contemporâneas, os proponentes do liberalismo clássico e seus herdeiros – aqueles que hoje chamamos de «conservadores» – na melhor das hipóteses defenderam da boca para fora os «valores tradicionais» ao mesmo tempo que sua classe de líderes políticos deu apoio unânime ao principal instrumento da prática individualista no nosso mundo moderno, o «livre mercado» global. Esse mercado – como todo mercado –, embora justifique sua existência recorrendo ao «*laissez-faire*», na verdade depende de constante energia, intervenção e apoio estatais, e tem sido apoiado de maneira consistente pelos liberais clássicos apesar de seu efeito diluidor sobre os relacionamentos tradicionais, sobre as normas culturais, sobre o pensamento geracional e sobre práticas e hábitos que subordinam as considerações do mercado a preocupações nascidas de vínculos interpessoais e da caridade. Ao afirmar

---

10 E. F. Schumacher, *Small Is Beautiful: Economics as if People Mattered*. Nova York: Harper and Row, 1975; Stephen Marglin, *The Dismal Science: How Thinking Like an Economist Undermines Community*. Cambridge: Harvard University Press, 2008.

11 John M. Broder e Felicity Barringer, «The E.P.A. Says 17 States Can't Set Emission Rules», *New York Times,* 20 dez. 2007, disponível em : <http://www.nytimes.com/2007/12/20/washington/20epa.html?_r=0>.

que o indivíduo radical imaginado pela teoria liberal era algo «dado», a prática liberal favoreceu esse ideal normativo por meio de um Estado sempre florescente que se expandiu sem cessar, não apesar do individualismo, mas sim para permitir que ele se tornasse viável.

Fontes Filosóficas e Implicações Práticas – Liberalismo Progressista

Uma das consequências do dinamismo político, social e econômico desencadeado pelo liberalismo clássico foi a sensação generalizada de que ele também tinha subestimado a capacidade de transformação humana. Dewey, por exemplo, em seu breve livro, *Individualismo, Antigo e Novo*, elogia o «antigo» liberalismo pelo êxito obtido em «liquefazer a propriedade estática» do tipo que era prevalente na época feudal, e por eliminar as bases locais da vida social à medida que o sistema econômico e político se tornava visivelmente mais nacional e «interdependente». Ele despreza o individualismo «romântico» que esteve por trás da crença americana na autossuficiência (ecoando aqui as observações de Frederick Jackson Turner de que a era da fronteira americana tinha chegado ao fim), apelando, pelo contrário, para que se reconhecesse que era empiricamente verdadeiro que os americanos agora eram parte de uma «totalidade social», e nenhum indivíduo podia ser visto como existindo separadamente desse todo.[12]

O «antigo individualismo» havia minado com sucesso todos os vestígios da sociedade aristocrática e do agrarianismo jeffersoniano, mas a nação ainda não tinha dado o salto rumo a uma nova reconciliação «orgânica» entre indivíduo e sociedade. O «liberalismo do passado» havia criado as condições

---

12 John Dewey, *Individualism, Old and New*. Amherst, NY: Prometheus, 1999 pp. 37, 39.

que agora exigiam sua própria superação: um novo liberalismo estava agora no horizonte, e precisava de um empurrão que deveria ser dado por pensadores filosófica e socialmente sensíveis como Dewey para dar vazão ao potencial autotransformador da humanidade.

Herbert Croly, de modo semelhante, viu uma transformação em curso, particularmente no sistema nacional de comércio, cultura e identidade. Mas esse sistema nacional ainda era movido por uma crença na independência jeffersoniana, ainda que na verdade refletisse novas formas de interdependência. Ele apelava para a criação de uma «Nova República» (New Republic, o nome da revista de que ele foi cofundador) que atingiria «fins jeffersonianos usando meios hamiltonianos». A democracia não podia mais significar autossuficiência baseada na liberdade dos indivíduos para agir de acordo com seus próprios desejos. Em vez disso, ela deveria receber uma injeção de um conjunto de compromissos sociais e até mesmo religiosos que levariam as pessoas a reconhecer sua participação na «irmandade humana». Essa aspiração tinha sido frustrada até então pela crença antiquada na autodeterminação, que negligenciava uma profunda e crescente interdependência que agora estava gerando o potencial para «a criação gradual de um tipo mais elevado de indivíduo e de uma vida mais elevada».[13] Walter Rauschenbusch ecoaria esse sentimento em seu apelo para que se estabelecesse o «Reino de Deus» na terra, uma forma nova e socialmente mais profunda de democracia que «não aceitaria a natureza humana como ela é, e sim a levaria na direção de sua melhoria». Rauschenbusch, ao superar o interesse próprio individualista que ele via como fator que moldava até mesmo a teologia cristã tradicional – cujo objeto tradicionalmente era

---

13 Herbert Croly, *The Promise of American Life*. Cambridge: Harvard University Press, 1965, p. 280.

a salvação individual –, visualizou, como Dewey e Croly, a «consumação» da democracia como a «perfeição da natureza humana».[14]

Embora seja possível perceber arranjos econômicos coletivistas nas recomendações práticas desses pensadores – Dewey, por exemplo, sugere um «socialismo público», e Croly escreve apoiando o «socialismo flagrante» –, seria um erro concluir que eles não endossam a inviolabilidade e a dignidade do indivíduo. Um tema que atravessa a obra dos dois autores é que apenas a eliminação do individualismo limitado e limitador do «antigo liberalismo» pode levar a uma forma mais verdadeira e melhor de «individualidade». Nossa libertação completa dos grilhões da falta de liberdade – incluindo especialmente as algemas da degradação e da desigualdade econômica – pode fazer surgir uma individualidade nova e melhor. A apoteose da democracia, dizem eles, levará a uma reconciliação entre os «Muitos» e o «Um», uma reconciliação entre nossa natureza social e nossa individualidade. John Dewey escreve, por exemplo, que «uma recuperação estável da *individualidade* está à espera da eliminação da antiga ordem econômica e do *individualismo*, uma eliminação que irá liberar imaginação e empenho para a tarefa de fazer com que a sociedade corporativa contribua para a cultura livre de seus membros».

Embora tenhamos de esperar a completa eliminação do antigo liberalismo para saber exatamente como essa reconciliação entre «individualidade» e «sociedade corporativa» será obtida, o que fica claro nesses argumentos centrais e formativos da tradição liberal progressista é que apenas por meio da superação do liberalismo clássico o verdadeiro liberalismo poderá surgir. Ainda se discute se isso

---

14 Walter Rauschenbusch, *Theology for the Social Gospel*. Louisville, KY: Westminster John Knox Press, 1997.

representa uma ruptura fundamental com o projeto liberal ou se é essencialmente a sua realização.

O mais adequado dentre os símbolos recentes do papel do Estado na «criação» do indivíduo está numa mulher fictícia que teve papel célebre na campanha de reeleição do presidente Obama em 2012 – uma mulher que, como Cher ou Madonna, só precisava de um único nome, Julia. Julia apareceu rapidamente no começo da campanha de Obama numa série de slides em que se demonstrava que ela tinha realizado seus sonhos por meio de uma série de programas governamentais que, ao longo de sua vida, permitiram que ela atingisse vários marcos históricos. Parte do esforço para demonstrar a existência de uma «guerra às mulheres» vinda do Partido Republicano, a campanha publicitária «A vida de Julia» tinha a intenção de convencer as eleitoras de que apenas liberais progressistas apoiariam programas de governo que as ajudariam a ter uma vida melhor.[15]

Embora a campanha «A vida de Julia» parecesse portanto projetada para liberais que em geral apoiavam programas de governo que ajudavam a criar oportunidades econômicas e maior igualdade, Julia não poderia ser objeto de admiração sem o apelo de um pano de fundo criado pelo liberalismo conservador ligado à valorização do indivíduo autônomo como ideal normativo da liberdade humana. Se por um lado o retrato positivo da grande confiança demonstrada por Julia na ajuda governamental tendia a deixar a direita cega ao ideal fundamentalmente liberal de autonomia presente

---

15 Os anúncios originais da campanha de Obama «A vida de Júlia» foram retirados do site da campanha (<https://www.barackobama.com/life-of-julia/>). A maior parte dos resultados de busca hoje redireciona para uma das várias paródias ou críticas do original. Histórias sobre o anúncio continuam disponíveis e oferecem uma descrição geral do anúncio da campanha. Ver, por exemplo, <http://www.newyorker.com/news/daily-comment/oh-julia-from-birth-to-death-left-and-right>.

no anúncio, por outro a esquerda mal estava ciente de que o objetivo dessa assistência era criar o indivíduo mais perfeitamente autônomo desde que Hobbes e Locke sonharam com o estado de natureza. No mundo de Julia só existem Julia e o governo, com a ligeiríssima exceção de uma criança pequena que aparece em um dos slides – sem nenhum pai à mostra – e é rapidamente levada por um ônibus amarelo patrocinado pelo governo, para jamais voltar a ser vista. Fora isso, Julia conquistou uma vida de perfeita autonomia, cortesia de um governo imenso, por vezes importuno, sempre solícito e sempre presente. O mundo retratado em «A vida de Julia» é uma versão atualizada do frontispício do *Leviatã* de Hobbes, em que só existem indivíduos e o Estado soberano – os indivíduos como criadores e legitimadores do Estado, e o Estado garantindo uma vida segura e protegida para os indivíduos que o criaram. A principal diferença é que, se a história de Hobbes é apresentada como um experimento mental, «A vida de Julia» supostamente retrata a vida real de hoje. Mas o anúncio deixa cada vez mais claro que sua história é o exato oposto daquela contada por Hobbes: é o Estado liberal que cria o indivíduo. Por meio de um Leviatã cada vez maior e mais abrangente, estamos finalmente livres uns dos outros.

Assim os dois lados do projeto liberal travam uma disputa sem fim sobre os meios, a avenida ideal para libertar o indivíduo de seus relacionamentos constitutivos, das tradições não escolhidas, dos costumes limitadores. Mas os dois lados buscaram de maneira contínua a expansão da esfera de libertação em que o indivíduo pode melhor perseguir seu estilo de vida preferido, levando a um mútuo apoio à expansão do Estado como pré-requisito para que o indivíduo autônomo venha a existir. Embora expressem uma infinita hostilidade à expansão estatal, os liberais «conservadores» consistentemente apelam para sua capacidade de proteger os mercados nacionais e internacionais como modo de superar quaisquer formas locais de governo ou normas tradicionais que possam limitar o papel do mercado na vida da comunidade.[16] E, embora afirmem que o Estado em expansão é o grande protetor da liberdade individual, os liberais «progressistas» insistem que ele deve ser limitado quando se trata de proteger «a conduta e a moral», preferindo um mercado aberto de indivíduos «compradores e vendedores», especialmente em questões de práticas sexuais e de uma identidade sexual infinitamente fluida, da definição de família e de escolhas individuais quanto a pôr fim à própria vida. O Estado liberal moderno está em constante expansão para aumentar nossa autodefinição como «consumidores» – palavra hoje mais usada para descrever os habitantes de um Estado-nação liberal do que «cidadãos» – enquanto nos entretém com uma batalha cataclísmica entre dois lados que muitos começam a suspeitar com razão que não são tão diferentes assim.

Criando o Indivíduo

No coração da teoria e da prática liberal está o papel de destaque do Estado como agente do individualismo. Por sua vez, essa libertação, em si mesma, gera o círculo autoalimentado do liberalismo, dentro do qual o indivíduo cada vez mais desvinculado acaba fortalecendo o Estado, que é seu próprio autor. Do ponto de vista do liberalismo, é um círculo virtuoso, mas, do ponto de vista do desenvolvimento humano, é uma das mais profundas fontes da patologia liberal.

Uma geração anterior de filósofos e sociólogos observou a condição psicológica que levava indivíduos cada vez mais deslocados e dissociados a derivar do Estado sua identidade básica. Essas análises – em trabalhos que são divisores de água, como *As*

---

16 Marglin, *The Dismal Science*.

origens do totalitarismo, de Hannah Arendt, *O medo à liberdade*, de Erich Fromm, e *The Quest for Community*, de Robert Nisbet – reconheceram, de vários pontos de vista e usando várias disciplinas, que uma característica distintiva do totalitarismo moderno era o fato de ele surgir e ascender ao poder por meio da insatisfação de pessoas que se sentem isoladas e solitárias. Uma população que busca preencher o vazio deixado pelo enfraquecimento de afiliações e associações mais locais estava suscetível a uma disposição fanática para se identificar completamente com um Estado distante e abstrato. Embora essa análise tenha conquistado adesão nos anos que se seguiram à queda do nazismo e à ascensão do comunismo, mais tarde ela entrou em declínio, o que sugere que muitos pensadores contemporâneos não acreditam que ela se aplique à ideologia liberal.[17] No entanto não há motivo para supor que a psicologia política básica funcione de modo diferente hoje.

Nisbet continua sendo um guia instrutivo. Em *The Quest for Community*, análise feita por ele em 1953

---

17 Hannah Arendt, *Origins of Totalitarianism*. Nova York: Harcourt, Brace, 1951; Erich Fromm, *Escape from Freedom*. Nova York: Farrar and Rinehart, 1941; Robert A. Nisbet, *The Quest for Community: A Study in the Ethics of Order and Freedom*. Wilmington, DE: ISI, 2010. O histórico de publicação de *Quest for Community* é revelador. Publicado pela Oxford University Press em 1953, o livro ficou fora de catálogo até o final dos anos 1960, quando se tornou popular entre a Nova Esquerda. Depois, o livro ficou novamente fora de catálogo até 2010, quando foi republicado – com uma nova introdução do colunista conservador Ross Douthat, do *New York Times* – pela editora do conservador Intercollegiate Studies Institute. O argumento de Nisbet jamais encontrou um verdadeiro lar político nos Estados Unidos, vagando entre a Nova Esquerda e os conservadores sociais à direita. No entanto, o fato de esse livro continuar encontrando leitores sugere que sua análise ainda é relevante, mesmo com o eclipse e a queda do fascismo e do comunismo. Ver E. J. Dionne, *Why Americans Hate Politics*. Nova York: Simon and Schuster, 1992, p. 36.

sobre a ascensão das ideologias modernas, Nisbet afirmava que a dissolução ativa das comunidades e instituições humanas tradicionais fez surgir uma condição em que uma necessidade humana básica – «a busca por comunidade» – já não era satisfeita. O estatismo surgiu como uma reação violenta contra essa sensação de atomização. Como criaturas naturalmente políticas e sociais, as pessoas exigem um conjunto denso de vínculos constitutivos para funcionar como seres humanos plenamente formados. Despidos dos laços mais profundos com a família, a religião e a cultura, e moldados profundamente para crer que essas formas de associação são limites para sua autonomia, seres humanos desenraizados vão em busca de pertencimento e autodefinição por meio da única forma legítima de organização ainda disponível para eles: o Estado. Nisbet viu a ascensão do fascismo e do comunismo como a consequência previsível do ataque liberal a associações e comunidades menores. Essas ideologias ofereciam uma nova forma de pertencimento ao adotar as evocações e a imagética das associações que elas haviam substituído, acima de tudo por meio da oferta de novas formas de afiliação quase religiosas, uma espécie de Igreja estatal. Nossa «comunidade» agora seria composta de inúmeros seres humanos que compartilhavam de uma fidelidade abstrata a uma entidade política que suavizaria toda a nossa solidão, a nossa alienação e o nosso isolamento. Ela satisfaria nossos desejos e nossas necessidades; só o que pedia em troca era uma devoção completa ao Estado e a eliminação da fidelidade a qualquer outra entidade intermediária. Para fornecer um público massificado, a autoridade central exigiu e recebeu maior poder. Assim Nisbet conclui: «É impossível compreender as concentrações gigantescas de poder político no século XX, surgidas de modo tão paradoxal, ou pelo menos era o que parecia, logo depois de um século e meio de individualismo na economia e na moral, a não ser que vejamos a íntima relação que prevaleceu durante todo o século XIX entre individualismo e poder estatal e entre essas duas coisas e o enfraquecimento generalizado da área de associação que fica num nível intermediário entre o homem e o Estado».[18]

Para além do desejo psicológico, a ascensão do Estado como objeto de fidelidade era uma consequência necessária dos efeitos práticos do liberalismo. Tendo eliminado os laços que as pessoas tinham com uma vasta teia de instituições intermediárias que as sustentavam, a expansão do individualismo privou os indivíduos do recurso a esses locais tradicionais de apoio e sustentação. Quanto mais individualizada a sociedade, maior era a probabilidade de que uma massa de indivíduos procurasse o Estado de modo inevitável em épocas de necessidade. Essa observação, que ecoava uma afirmação feita originalmente por Tocqueville, sugere que o individualismo não é uma alternativa ao estatismo, e sim sua causa. Tocqueville, diferentemente de tantos de seus leitores conservadores e progressistas, compreendia o individualismo não como solução para o problema de um Estado centralizado cada vez mais abrangente, mas como a fonte de seu poder crescente. Como ele escreveu em *Democracia na América*:

> Assim [...] nenhum homem é forçado a colocar sua energia à disposição de outro, e a ninguém é assegurado reivindicar ter direito a apoio substancial de seu concidadão, cada um sendo ao mesmo tempo independente e fraco. Essas duas condições, que não devem ser vistas separadamente e também não devem ser confundidas, dão ao cidadão de uma democracia instintos extremamente contraditórios. Ele se sente altamente confiante e orgulhoso de sua independência em meio a seus iguais, mas de tempos em tempos a sua fraqueza faz com que sinta a necessidade de

....

18 Nisbet, *The Quest for Community*, p. 145.

ajuda externa que não pode esperar de seus concidadãos, pois eles são ao mesmo tempo impotentes e frios. Nesses casos extremos ele naturalmente volta seu olhar para aquela entidade imensa [o Estado tutelar] que é a única a se destacar acima do nível universal de rebaixamento. Suas necessidades, e mais ainda seus desejos, continuamente o levam a ter em mente essa entidade, e ele acaba acreditando que ela é o único apoio para sua fraqueza individual, e um apoio necessário.[19]

O individualismo que surge da filosofia e da prática do liberalismo, em vez de se opor fundamentalmente a um Estado cada vez mais centralizado, não só requer sua existência como na verdade amplia seu poder. Na verdade, o individualismo e o estatismo se somaram para praticamente destruir os vestígios de comunidades pré-liberais e frequentemente não liberais movidas por uma filosofia e uma prática distintas do individualismo estatista. Os liberais clássicos e os liberais progressistas de hoje permanecem travando uma batalha para impor seu fim de jogo favorito – se teremos uma sociedade composta de cidadãos cada vez mais perfeitamente libertos, autônomos, ou de membros mais igualitários de uma «comunidade» global –, mas, embora esse debate continue, os dois lados concordam com sua finalidade, ao mesmo tempo que absorvem nossa atenção com disputas relacionadas aos meios, somando-se desse modo num movimento de pinça para destruir os vestígios das práticas e virtudes clássicas que ambos desprezam.

A expansão do liberalismo se apoia em um círculo vicioso e que se autoalimenta segundo o qual a expansão estatal assegura a finalidade da fragmentação individual, o que por sua vez exige maior expansão estatal para controlar uma sociedade

---

19 Alexis de Tocqueville, *Democracy in America*. Trad. George Lawrence. Nova York: Harper and Row, 1969, p. 672.

sem normas, práticas ou crenças compartilhadas. O liberalismo, portanto, cada vez mais exige um regime legal e administrativo, movido pelo imperativo de substituir todas as formas não liberais de apoio ao desenvolvimento humano (como as escolas, a medicina e as instituições de caridade), e de esvaziar qualquer noção mais profunda que os cidadãos ainda tenham de futuro ou destino compartilhado. Relacionamentos informais são substituídos por diretivas administrativas, políticas públicas e atribuições legais, o que mina a afiliação voluntária cívica e exige um aparato estatal em contínua expansão para garantir a cooperação estatal. A ameaça e os indícios da decadência das normas cívicas exigem vigilância centralizada, presença policial altamente ostensiva e um Estado carcerário para controlar os efeitos de seus próprios êxitos, diminuindo assim a confiança cívica e o compromisso mútuo.

As maneiras pelas quais a filosofia individualista do liberalismo clássico e a filosofia estatista do liberalismo progressista acabam se reforçando mutuamente passam despercebidas. Embora os liberais conservadores afirmem defender não apenas um livre mercado mas também os valores da família e o federalismo, a única parte da agenda conservadora que vem sendo implementada de modo contínuo e bem-sucedido durante sua recente ascensão política é o liberalismo econômico, incluindo a desregulamentação, a globalização e a proteção de desigualdades econômicas titânicas. E, embora os liberais progressistas afirmem defender uma sensação compartilhada de destino nacional e de solidariedade que deveria frear o avanço de uma economia individualista e reduzir a desigualdade econômica, a única parte da agenda política da esquerda que triunfou foi o projeto da autonomia pessoal e especialmente sexual. Será mera coincidência que ambas as partes, apesar de afirmarem travar uma luta política mortal, levem adiante mutuamente a causa liberal da autonomia e da desigualdade?

Capítulo 3

Liberalismo como Anticultura

A expansão dual do Estado e da autonomia pessoal se apoia em grande medida no enfraquecimento e na perda das culturas particulares, e na sua substituição não por uma única cultura liberal mas por uma *anticultura* difusa e abrangente. Aquilo que é popularmente chamado de «cultura», muitas vezes modificado por um adjetivo – por exemplo, «cultura pop» ou «cultura midiática» ou «multiculturalismo» –, na verdade é um sinal da evisceração da cultura como um conjunto de costumes, práticas e rituais geracionais que tem raízes em características locais e particulares. Como escreveu Mario Vargas Llosa: «A ideia de cultura se ampliou a tal ponto que, embora ninguém tenha ousado dizer isso explicitamente, ela desapareceu. Transformou-se em um fantasma incompreensível, múltiplo e figurativo».[1] As únicas formas de «liturgia» cultural compartilhada que permanecem são as celebrações do Estado liberal e do mercado liberal. Feriados nacionais se transformaram em ocasiões para compras, e dias sagrados do comércio, como a «Black Friday», viraram feriados nacionais. Essas formas de afiliação abstrata são marca de um povo desvinculado de afiliações e devoções particulares, que são transferidas para – em um vídeo exibido na Convenção Democrática Nacional de 2012 – «a única coisa a que todos nós pertencemos», o Estado liberal. Essa afirmação ambiciosa deixou de reconhecer que a única coisa a que *todos* nós pertencemos é o mercado global, uma entidade abrangente que contém todas as organizações políticas

---

1 Mario Vargas Llosa, *Notes on the Death of Culture: Essays on Spectacle and Society*. Nova York: Farrar, Straus and Giroux, 2015, p. 58.

e seus cidadãos, hoje redefinidos como consumidores. As liturgias de nação e mercado são entretecidas de maneira íntima (sendo o apogeu dessa união a celebração dos comerciais durante o Super Bowl), celebrações simultaneamente nacionalistas e consumistas de afiliação abstrata que reificam os indivíduos isolados, mantidos unidos por compromissos impessoais. No ambiente politicamente nacionalista e economicamente globalista, essas liturgias desprovidas de conteúdo assumem a forma de dois minutos de patriotismo obrigatório, em que um membro das Forças Armadas aparece durante os intervalos de um evento esportivo para aplauso reverencial antes de todos voltarem à séria atividade do consumismo distraído. A mostra de gratidão para com militares com os quais poucos têm algum tipo de conexão direta deixa no ar um certo brilho que nos distrai da questão mais difícil de responder, se as Forças Armadas nacionais em última instância servem para assegurar o mercado global e assim apoiar a construção de indivíduos abstratos, desenraizados e consumistas.

Os Três Pilares da Cultura Antiliberal

A cultura antiliberal se apoia em três pilares: primeiro, a conquista completa da natureza, que, por consequência, torna a natureza um objeto independente que exige salvação por meio da eliminação imaginária da humanidade; segundo, uma nova experiência do tempo como um presente sem passado em que o futuro é uma terra estrangeira; e terceiro, uma ordem que torna o lugar algo inespecífico, destituído de significado. Essas três pedras angulares da experiência humana – natureza, tempo e lugar – formam a base da cultura, e o êxito do liberalismo tem como premissa seu desenraizamento e sua substituição por fac-símiles que levam os mesmos nomes.

A promoção dessa anticultura acontece sob duas formas primárias. A anticultura é a consequência de um regime de leis padronizadoras, que substituem normas informais de grande adesão e que passam a ser descartadas como formas de opressão; e é simultaneamente a consequência de um mercado universal e homogêneo, que resulta em uma monocultura que, assim como sua análoga agrícola, coloniza e destrói verdadeiras culturas enraizadas na experiência, na história e no espaço. Esses dois aspectos da anticultura liberal nos libertam de outras pessoas específicas e de relacionamentos fixos, substituindo o costume por leis abstratas e impessoais, libertando-nos de obrigações e dívidas pessoais, substituindo aquilo que passou a ser visto como fardo para nossa autonomia individual por ameaças legais constantes e por dívidas financeiras generalizadas. No esforço para assegurar a autonomia radical dos indivíduos, a lei liberal e o mercado liberal substituem a verdadeira cultura por uma abrangente anticultura.

Essa anticultura é a arena de nossa liberdade – e, no entanto, cada vez mais tem-se a percepção correta de que ela é o *locus* de nossa servidão e até mesmo uma ameaça para a continuidade de nossa existência. O sentimento simultâneo de uma alegria esfuziante e de uma ansiedade torturante que caracterizam a humanidade liberta, despojada da bússola da tradição e da herança que eram as marcas distintivas de uma cultura engastada na pessoa, é um indicador do tremendo sucesso e do grande fracasso do liberalismo. O paradoxo é nossa crença crescente de que somos servos das fontes de nossa libertação – vigilância legal generalizada e controle das pessoas somado ao controle tecnológico da natureza. À medida que o império da liberdade cresce, a realidade da liberdade retrocede. A anticultura do liberalismo – supostamente a fonte de nossa libertação – acelera tanto o sucesso quanto a morte do liberalismo.

Anticultura e Conquista da Natureza

Uma das principais revoluções do liberalismo não se deu no campo estritamente político, e sim na dissociação entre natureza e cultura. A premissa fundamental do liberalismo é a de que a condição natural do homem se define acima de tudo pela ausência de cultura, e que, por contraste, a presença da cultura marca a existência do artifício e da convenção, o esforço simultâneo para alterar a natureza mas também se adaptar a ela. Em suas articulações iniciais, a antropologia liberal presumia que o «homem natural» era uma criatura desprovida de cultura, que existia em um «estado de natureza» digno de nota pela ausência de qualquer artifício criado por humanos. Para o protoliberal Hobbes, o estado de natureza era explicitamente a esfera em que nenhuma cultura era possível, já que não estavam dadas as condições em que a estabilidade, a continuidade, a transmissão cultural e a memória poderiam existir. Jean-Jacques Rousseau, apesar de toda a sua oposição a Hobbes, concebeu o estado de natureza como um lugar de relativa paz e estabilidade, porém notavelmente semelhante ao de Hobbes no que diz respeito à ausência de formas culturais, e fundamentalmente idêntico na autonomia radical de seus habitantes proto-humanos. Apesar de sua rejeição romântica ao retrato frio, racionalista e utilitário que o hobbesianismo traça da humanidade, a alternativa primitivista de Rousseau revela uma continuidade entre todas as versões do liberalismo em seu compromisso fundamental com a separação entre natureza e cultura.

Embora hoje possamos falar de diferenças entre o que é «natural» e o que é «cultural», a própria possibilidade de uma divisão entre essas duas coisas teria sido incompreensível para a humanidade pré-liberal. A natureza revolucionária da ruptura introduzida pelo liberalismo pode ser discernida na própria palavra «cultura». «Cultura» é uma palavra com profundas conexões com formas e processos naturais, o que fica mais evidente em palavras como «agricultura» e «cultivo». Assim como o potencial de uma planta ou de um animal não é possível sem cultivo, é imediatamente compreensível que o potencial pleno da criatura humana simplesmente não poderia ser atingido sem boa cultura. Isso era tão evidente para pensadores antigos que os primeiros capítulos da *República* de Platão são dedicados não a uma discussão sobre formas políticas, mas aos tipos de histórias adequadas para crianças. Numa afirmação sugestiva ao final do capítulo introdutório de sua *Política*, Aristóteles declara que o primeiro legislador é especialmente elogiável por ter inaugurado o governo sobre «alimentação e sexo», ou seja, os dois desejos humanos elementares que mais precisam de cultivo e civilização: no caso da comida, o desenvolvimento de maneiras que incentivem um apetite moderado e o consumo civilizado, e, no caso do sexo, o cultivo dos costumes e hábitos do namoro, do comportamento a ser adotado na interação entre os sexos e finalmente o casamento como o «recipiente» do campo da sexualidade, que de outro modo tende a ser inflamável e estressante. Aristóteles observou que pessoas «não cultivadas» no consumo dos alimentos e do sexo são as mais depravadas criaturas, literalmente consumindo outros seres humanos para satisfazer seus apetites básicos e indisciplinados. Longe de serem vistos como opostos à natureza humana, os costumes e os bons modos eram compreendidos como intimamente ligados à realização da natureza humana: derivavam dela, eram por ela governados e eram ainda vistos como necessários para que ela se consumasse.

Uma ambição central do liberalismo é a libertação de tais apetites das restrições artificiais impostas pela cultura – seja libertando-os completamente como condição de nossa liberdade, ou, caso eles exijam restrições, colocando-os sob o governo uniforme e homogeneizado da lei promulgada, em vez de deixá-los à mercê das imposições inconstantes e dos caprichos das diferentes culturas. Embora o liberalismo se descreva como sendo principalmente um esforço para restringir e limitar o governo, seus primeiros arquitetos admitiam prontamente que um governo poderoso e muitas vezes arbitrário – agindo com base em «prerrogativas» – era necessário para assegurar as condições básicas da liberdade e da estabilidade exigida por ela. Desde o princípio, os proponentes do liberalismo compreenderam que limitações culturais à expressão e à busca de satisfação de nossos apetites eram obstáculos à realização de uma sociedade que tinha como premissa o desencadeamento de antigos vícios (como a ganância) que serviriam de motores do dinamismo econômico, e que poderia ser necessário o uso de poder estatal para superar as instituições culturais responsáveis por conter esses apetites.[2] Hoje, com o êxito do projeto liberal na esfera econômica, os poderes do Estado liberal se concentram cada vez mais no desmanche das instituições culturais remanescentes que eram responsáveis pelo controle do consumo e do apetite sexual – supostamente em nome da liberdade e da igualdade, mas acima de tudo como parte de um esforço abrangente para desmanchar formas culturais como condição básica para a liberdade liberal. Apenas as restrições aprovadas pelo próprio Estado liberal podem enfim ser aceitáveis. A presunção é que limites legítimos à liberdade só podem surgir da autoridade do Estado liberal baseado no consenso.

A libertação do indivíduo autônomo exige não apenas o aparato estatal crescente como também o

---

2 Polanyi, *The Great Transformation*. Ver também William T. Cavanaugh, «'Killing for the Telephone Company': Why the Nation-State Is Not the Keeper of the Common Good», in: *Migrations of the Holy: God, State, and the Political Meaning of the Church*. Grand Rapids, MI: Eerdmans, 2011.

projeto em expansão da conquista da natureza. Esse objetivo também se apoia fundamentalmente na eliminação idealizada, e depois cada vez mais real, da cultura. A cultura é a «convenção» por meio da qual os seres humanos interagem de modo responsável com a natureza, a um só tempo se adaptando a seu controle e levando para dentro de seus limites a engenhosidade e a invenção humanas.

Uma cultura saudável é semelhante a uma agricultura saudável – embora claramente seja uma forma de artifício humano, a agricultura que leva em conta as condições locais (lugar), que pretende manter a fecundidade ao longo das gerações (tempo) e que portanto precisa lidar com os fatos da natureza dada não vê a natureza como um obstáculo à obtenção de apetites irrestritos. A agricultura moderna, industrializada, trabalha com o modelo liberal de que limites naturais aparentes devem ser superados por meio de soluções de curto prazo cujas consequências serão legadas a gerações futuras. Entre essas soluções estão a introdução de fertilizantes fósseis que aumentam a produtividade mas que contribuem para a formação de áreas hipóxicas em lagos e oceanos; produtos geneticamente modificados que incentivam o aumento do uso de herbicidas e pesticidas e cujas linhagens genéticas não podem ser contidas nem previstas; o uso difuso de monoculturas que substituem variedades e práticas locais; e o uso de antibióticos no gado que aceleraram mutações genéticas em bactérias, reduzindo assim a utilidade de remédios para a população humana. Processos industriais como esses ignoram as demandas distintas de culturas e práticas locais e se apoiam fundamentalmente na eliminação de culturas agrícolas existentes como a essência da agricultura. Embora supostamente tenha olhos voltados para o futuro, essa abordagem é profundamente imediatista e desvinculada de lugar.

Uma cultura se desenvolve acima de tudo na atenção aos limites, ofertas e demandas da natureza. Essa atenção não é «teórica», e sim vivida na realidade que frequentemente não pode ser descrita até ter deixado de existir.[3] O liberalismo, por outro lado, objetivou de modo consistente a dissociação entre formas culturais e natureza. O efeito é duplo, simultaneamente liberando os humanos do reconhecimento dos limites da natureza e transformando a cultura em crenças e práticas absolutamente relativistas, desligadas de qualquer coisa universal ou duradoura. O objetivo do domínio da natureza em nome da libertação da humanidade de

---

[3] Uma descrição serena e bela dessa visão, capturada após sua passagem, é dada pelo cientista político em meio expediente e habitante de Vermont em tempo integral Charles Fish, que escreveu sobre a atividade agrícola de seus antepassados: «Para minha avó e meus tios, havia uma coexistência imaginária entre a mão de Deus e os trabalhos da natureza que estava a meio caminho entre a divindade e as operações das leis mecânicas. Eles não ficariam à vontade se fossem pressionados a descrever a relação entre as duas coisas ou a declarar se acreditavam não haver relação alguma. Quando o clima ou a doença causavam prejuízos, era a natureza, não Deus, que era tida como culpada, mas a natureza não era simplesmente uma força maligna. Embora tivessem de lutar contra a natureza quando ela tentava dissolver os hábeis vínculos que mantinham as coisas em suas formas úteis, eles também tinham a sensação de estar cooperando com a natureza ao fazer uso de seus poderes de renovação e crescimento. Eles teriam ouvido sem nenhuma objeção a frase 'controlar o poder da natureza', mas é improvável que em seus corações eles tenham imaginado em algum momento ser capazes de fazer isso exceto muito parcialmente. Por meio da natureza eram capazes de realizar coisas ótimas, mas imaginar que a natureza estava em algum momento sob controle deles soaria não exatamente como uma blasfêmia mas como algo equivocado e talvez arrogante. Havia muitas coisas lembrando que eles não eram os senhores da criação. [...] O que lhes cabia fazer eles faziam com todas as forças e toda a arte, mas sabiam que estavam trabalhando no centro de um mistério, cujos movimentos não eram capazes de influenciar nem de prever». Charles Fish, *In Good Hands: The Keeping of a Family Farm*. Nova York: Farrar, Straus and Giroux, 1995, pp. 102–3.

seus limites – um projeto inaugurado pelo pensamento de Francis Bacon – era simultaneamente um ataque às normas e às práticas culturais desenvolvidas em harmonia com a natureza.

O imperativo de superar a cultura como parte do projeto de dominação da natureza foi expresso com clareza e sinceridade por John Dewey, um dos grandes heróis do liberalismo. Dewey insistia que o progresso da libertação se apoiava especialmente no controle ativo da natureza, e portanto exigia a substituição de crenças e culturas tradicionais que refletiam uma consideração retrógrada e limitante pelo passado. Ele descreveu essas duas abordagens ao relacionamento do humano com a natureza como «civilizada» e «selvagem». As tribos selvagens conseguem viver no deserto, escreveu ele, ao se adaptarem aos limites naturais de seu ambiente; portanto «essa adaptação envolve um máximo de aceitação, tolerância, resistência às coisas como elas são, um máximo de aquiescência passiva e um mínimo de controle ativo, de sujeição ao uso». Um «povo civilizado» no mesmo deserto também se adapta; porém «ele introduz a irrigação; procura no mundo plantas e animais que prosperem sob tais condições; leva melhorias, por meio de cuidadosa seleção, aos que vivem lá. Como consequência, o deserto floresce como uma rosa. O selvagem meramente se habitua; o homem civilizado tem hábitos que transformam o ambiente».[4]

Dewey faz seu pensamento remontar a Francis Bacon, que ele considerava o pensador mais importante da história. Em em seu *Reconstruction in Philosophy*, escreveu que Bacon ensina: «as leis científicas não se encontram na superfície da natureza. Elas estão ocultas, e devem ser arrancadas da natureza por meio de uma técnica ativa e elaborada de investigação». O cientista «deve forçar os fatos

---

4 John Dewey, *Reconstruction in Philosophy*. Nova York: New American Library, 1950, p. 46.

aparentes da natureza a assumirem formas diferentes daquelas apresentadas por eles de imediato; e assim fazer com que elas digam a verdade sobre si mesmas, assim como a tortura pode compelir uma testemunha que não quer colaborar a revelar o que vinha ocultando».[5] Os liberais de hoje evitam expressões de húbris ousadas como essas, mas, em vez de rejeitar o esforço de Dewey para eliminar a cultura como meio de chegar ao fim, o domínio da natureza, tendem a aceitar a crença liberal na separação entre humanidade e natureza e a insistir na conquista da humanidade – por meio do controle tecnológico do mundo natural (liberais «conservadores») ou por meio do controle tecnológico da reprodução e do domínio do código genético humano (liberais «progressistas»). Uma característica central do projeto liberal é a antipatia à cultura como relacionamento profundo com uma natureza que define e limita a natureza humana.

Atemporalidade Liberal

Mais do que um sistema de governo ou do que uma ordem legal e política, o liberalismo tem a ver com a redefinição da percepção humana do tempo. Trata-se de um esforço para transformar a experiência do tempo, em particular o relacionamento de passado, presente e futuro.

A teoria do contrato social tinha a ver com a abstração do indivíduo não apenas das relações humanas e dos lugares como também do tempo. Trata-se de um experimento mental que retrata uma condição em que não há história nem tempo, com a pretensão de ser aplicável a qualquer época. A razão mais óbvia para esse conceito – cuja relevância seremos convidados a ver em qualquer circunstância, como celebremente afirma Hobbes ao ressaltar atividades cotidianas como o fato de trancarmos

---

5 Ibidem, p. 48.

nossos baús e nossas portas – obscurece a lição mais profunda de que os seres humanos são por natureza criaturas que vivem em um eterno presente. O conceito tem apelo não para algum «contrato social» histórico que devemos usar como guia, mas para a crença contínua e atual de que sempre somos por natureza agentes autônomos de escolha que percebem vantagens para si em um arranjo contratual existente. Mais uma vez, no entanto, a teoria liberal postula uma forma de existência que contradiz aquilo que era a experiência real da maior parte das pessoas antes de a sociedade liberal trazer à tona suas condições «naturais». Apenas com a ascensão das ordens políticas liberais a experiência da história em sua mais plena dimensão temporal evanesce, e um imediatismo generalizado se torna uma característica dominante da vida. Essa condição é atingida especialmente por meio do desmantelamento da cultura, o recipiente da experiência que os humanos têm do tempo.

O desenvolvimento do progressismo dentro do liberalismo é apenas uma versão mais avançada desse imediatismo generalizado, uma espécie de atemporalidade convertida em arma. Assim como o liberalismo clássico, o progressismo se baseia em uma profunda hostilidade ao passado, particularmente à tradição e aos costumes. Embora seja amplamente visto como voltado para o futuro, ele na verdade se apoia em presunções simultâneas de que as soluções contemporâneas devem ser libertadas de respostas do passado, mas também de que o futuro terá a mesma consideração pelo nosso presente quanto nós temos pelo passado. O futuro é um país desconhecido, e aqueles que vivem em um presente que traz arraigada em si uma hostilidade pelo passado devem adquirir uma indiferença em relação a um futuro que não pode ser conhecido, mantendo nele apenas uma fé simples. Aqueles que veem o tempo tendo como guia uma crença desse tipo devem implicitamente compreender que suas «conquistas» estão destinadas à lata de lixo da história, dado que o futuro nos verá como retrógrados e necessariamente superados. Cada geração deve viver por si. O liberalismo transforma a humanidade em insetos de vida efêmera, e, não é de surpreender, seu ápice levou cada geração a acumular níveis escandalosos de dívida com as gerações seguintes, tendo em vista que a exploração voraz de recursos continua, com base na crença de que as futuras gerações inventarão um modo de lidar com o desabastecimento desses recursos.

Essa transformação da experiência do tempo foi descrita em duas formas distintas de tempo: enquanto a humanidade pré-liberal tinha uma experiência do tempo como algo cíclico, a modernidade pensa nele como algo linear. Embora seja sugestiva e esclarecedora, essa concepção linear do tempo ainda tem como premissa uma continuidade fundamental entre passado, presente e futuro. O liberalismo, em seus variados disfarces, na verdade promove uma concepção do tempo como algo fraturado, como algo fundamentalmente desconectado, e molda os humanos para que eles tenham experiências de diferentes tempos, como se se tratasse de países radicalmente diferentes.

Alexis de Tocqueville percebeu a conexão entre a ascensão das ordens liberais e a experiência do tempo fraturado. Ele observou que a democracia liberal seria marcada acima de tudo por uma tendência ao imediatismo. Em função de seu igualitarismo e especialmente de sua rejeição à aristocracia, ele se manteria desconfiado em relação ao passado e ao futuro, incentivando em vez disso uma espécie de individualismo atrofiado. A aristocracia, Tocqueville escreveu,

> liga todas as pessoas, do camponês ao rei, em uma grande cadeia. A democracia rompe a cadeia e abre todos os seus elos. [...] Assim, a democracia não apenas faz com que os homens se esqueçam de seus

ancestrais, como também impõe uma névoa entre eles e seus descendentes e os isola de seus contemporâneos. Cada homem é eternamente jogado de volta sobre si mesmo, sozinho, e existe o risco de que ele possa ser silenciado na solidão de seu próprio coração.[6]

Tocqueville percebeu como o «tempo fraturado» gera o individualismo, que por sua vez teria profundas consequências sociais, políticas e econômicas à medida que a lógica por trás da democracia liberal avança. Ele se afligia especialmente com a incapacidade de um povo de uma democracia liberal ver suas próprias vidas e ações como parte de um continuum temporal, e portanto de conseguir perceber as implicações de longo prazo de suas ações como parte de uma comunidade humana de longo prazo. Se uma característica constitutiva de uma era aristocrática havia sido a compreensão generalizada da pessoa como sendo definida por seu lugar numa ordem geracional, na democracia a marca distintiva era a «ruptura» dessa cadeia em nome da libertação do indivíduo e de sua busca. Embora seja benéfica para a libertação do indivíduo em relação à sua definição em termos geracionais e em relação às dívidas que ele carrega, a experiência fraturada do tempo teria consequências políticas sinistras. Para Tocqueville, as democracias liberais modernas teriam uma poderosa tendência a agir apenas com base na perspectiva de curto prazo, não levando em conta as consequências de suas ações para as futuras gerações.

> Uma vez que [os democratas liberais] se acostumam a não pensar no que acontecerá depois de suas vidas, facilmente eles recaem em uma completa e brutal indiferença em relação ao futuro, uma atitude demasiadamente adequada a certas propensões da

---

6 Tocqueville, *Democracy in America*, p. 508.

natureza humana. Logo que não sabem mais como se apoiar principalmente em esperanças distantes, eles são naturalmente levados a querer satisfazer seus desejos mais diminutos imediatamente [...] [Assim] sempre existe um risco de que os homens deem vazão a desejos efêmeros e casuais e de que, renunciando completamente a tudo que não possa ser obtido sem esforço prolongado, jamais possam atingir nada que seja grandioso ou calmo ou duradouro.[7]

Tocqueville observa que a propensão para pensar apenas dentro do contexto do tempo de vida de cada um, e de se concentrar na satisfação de prazeres imediatos e mais baixos, é «uma propensão básica da natureza humana». Corrigir, educar e moderar esse instinto básico é fruto de estruturas, práticas e expectativas mais amplas vindas das estruturas políticas, sociais, religiosas e familiares. O liberalismo destaca nossa libertação do tempo contínuo como uma das características básicas de nossa natureza, e assim vê tais instituições, estruturas e práticas formativas como obstáculos para a obtenção de nossa individualidade irrestrita. O desmantelamento dessas formas culturais, que tutelam nosso imediatismo e nos instruem que um traço distintivo de nossa humanidade é a nossa capacidade de lembrar e de fazer promessas, a um só tempo nos torna livres e nos prende a uma armadilha por meio de uma «indiferença brutal» a qualquer tempo que esteja fora de nosso eterno presente.

Tocqueville percebeu que essa mesma «indiferença brutal» se manifestaria não apenas na política como também na economia. Ele temia que dissolver as práticas, assim como as estruturas, que retiram as pessoas de limites estreitos de tempo teria o efeito de afastar as pessoas de sua capacidade de discernir um fato compartilhado. O tempo fraturado, e a fuga para a «solidão de nosso próprio

---

7   Ibidem, p. 548.

coração» que resulta dele, nos levaria à autocongratulação e à separação física e psíquica entre os que têm mais sucesso econômico e os que têm menos. Com efeito, ele previu que uma nova aristocracia surgiria, mas que sua «indiferença brutal», nascida da fratura temporal, a levaria a ser pior do que a aristocracia que ela estava substituindo.

> A aristocracia territorial de outros tempos era obrigada por lei, ou acreditava ser obrigada pelo costume, a sair em auxílio de seus servos e de aliviar seus problemas. Porém a aristocracia industrial de nossa época, depois de empobrecer e brutalizar os homens de que faz uso, os abandona no momento de crise para que a caridade pública os alimente. [...] Entre o trabalhador e o patrão há relações frequentes, porém nenhuma associação verdadeira.[8]

A fratura do tempo é adotada como uma forma de liberdade, uma libertação especialmente em relação às obrigações pessoais que temos principalmente com aqueles que compartilham conosco um passado, um futuro e até mesmo – em última instância – o próprio presente.

Uma maneira melhor de compreender a cultura é como uma espécie de confiança coletiva. Cultura é a prática da plena temporalidade, uma instituição que conecta o presente ao passado e ao futuro. Como os gregos compreendiam, a mãe da cultura – dentre as Nove Musas – era Mnemósine, cujo nome significa «memória». A cultura nos educa sobre nossas dívidas e obrigações geracionais. Em seus melhores momentos, é uma herança tangível do passado, que cada um de nós é obrigado a ver com as responsabilidades de fiel depositário. Ela é em si mesma uma educação na plena dimensão da temporalidade humana, cuja intenção é limitar nossa tentação de viver no presente, com as disposições

---

8 Ibidem, pp. 557–8.

concomitantes para a ingratidão e para a irresponsabilidade que uma temporalidade tão estreita incentiva. Preservada em discretas heranças humanas – as artes, a literatura, a música, a arquitetura, a história, o direito, a religião –, a cultura expande a experiência humana do tempo tornando tanto o passado quanto o futuro presentes para criaturas que, de outro modo, vivenciam apenas o momento presente.

O Liberalismo como Lugar Nenhum e como Todo Lugar

O liberalismo valoriza a ausência de localização geográfica. Seu «estado de natureza» postula um ponto de vista que parte de lugar nenhum: indivíduos abstratos em lugares igualmente abstratos. O liberalismo não apenas se apoia na presunção antropológica de que os humanos não pertencem a ninguém – surgindo, como descreveu Hobbes, «da terra como cogumelos e crescendo sem obrigações uns com os outros» –, mas também que não pertencemos a lugar algum.[9] O lugar onde o indivíduo nasce e é criado é tão arbitrário quanto são seus pais, sua religião ou seus costumes. É necessário ver-se antes de mais nada como um agente que faz escolhas livremente, optando por lugares assim como se opta por relacionamentos, instituições e crenças.

Isso não significa dizer que os humanos que estejam mais firmemente vinculados em seus ambientes culturais por vezes não partam para novas regiões. Porém o liberalismo cria uma ausência de vínculo geográfico «padrão» que é distintiva e radical e que começa sendo teoria, mas que acaba remodelando o mundo à sua imagem. Como Thomas Jefferson articulou no aquecimento lockiano que precedeu

---
9 Thomas Hobbes, *On the Citizen*. Ed. e trad. Richard Tuck e Michael Silverthorne. Cambridge: Cambridge University Press, 1998, p. 102.

seu esboço da Declaração de Independência, o direito mais fundamental que define o ser humano liberal é o direito de deixar o local de nascimento.[10] Nossa condição padrão é a ausência de um lar.

Essa falta de vínculo geográfico é um dos modos mais proeminentes pelos quais o liberalismo, de maneira sutil, discreta e generalizada, mina todas as culturas e liberta os indivíduos, levando-os à irresponsabilidade da anticultura. Nenhum pensador discerniu com mais habilidade os efeitos do desenraizamento da vida moderna quanto o fazendeiro, romancista, poeta e ensaísta do Kentucky Wendell Berry. Defensor aberto da comunidade local, Berry vê a comunidade como um conjunto rico e variado de relacionamentos pessoais, um complexo de práticas e tradições saído de um repositório comum de memória e tradição, e como um conjunto de vínculos forjados entre um povo e um lugar que – por estar determinado geograficamente – não é portátil, móvel, substituível nem transferível.[11] A comunidade é mais do que uma coleção de indivíduos com interesses próprios que se unem para buscar ganhos pessoais. Ela «vive e age pelas virtudes comuns da

---

10 Thomas Jefferson, *A Summary View of the Rights of British America. Set Forth in Some Resolutions Intended for the Inspection of the Present Delegates of the People of Virginia. Now in Convention. By a Native, and Member of the House of Burgesses.* Williamsburg: Clementina Rind, 1774.

11 O melhor jeito de compreender a visão de Berry não é por meio de seus ensaios, mas sim de sua ficção. Baseada na localidade fictícia de Port William, a ficção de Berry retrata um ambiente comunitário idílico (ainda que não perfeito) em que os principais traços são os fortes laços unindo as pessoas entre si e a seu lugar e sua terra. Como o próprio Berry descreveu sua ficção, «usando um lugar imaginário [...] aprendi a ver minha paisagem nativa e minha vizinhança como um lugar único no mundo, uma obra de Deus, dono de uma santidade inerente que zomba de qualquer preço que os humanos possam colocar nela». Berry, «Imagination in Place», in: *The Way of Ignorance,* pp. 50–1.

confiança, da boa vontade, do autocontrole, do autodomínio, da compaixão e do perdão».[12]

Berry não hesita em reconhecer que a comunidade é um lugar de restrição e limites. Na verdade, nesse simples fato reside sua grande atração. Entendida adequadamente, a comunidade é o ambiente apropriado para o florescimento da vida humana – florescimento que exige cultura, disciplina, autodomínio e formas. No nível mais fundamental (ecoando Aristóteles, ainda que inconscientemente), a comunidade é tanto produto da vida familiar saudável quanto pré-requisito para que ela ocorra. Estando ausentes os sustentáculos da vida comunitária, a vida familiar enfrenta dificuldades para florescer. Isso porque a vida familiar tem como premissa, na visão de Berry, a disciplina de tendências individualistas que levam a uma autorrealização limitada, principalmente no campo erótico. Ele elogia

> arranjos [que] incluam o casamento, a estrutura familiar, as divisões do trabalho e da autoridade e a responsabilidade pela instrução das crianças e dos jovens. Esses arranjos existem, em parte, para reduzir a volatilidade e os perigos do sexo – para preservar sua energia, sua beleza e seu prazer; para preservar e esclarecer seu poder de unir não apenas marido e mulher mas também pais e filhos, famílias e comunidade, a comunidade e a natureza; para assegurar, até onde for possível, que os herdeiros da sexualidade, ao chegar à idade adulta, serão dignos dela.[13]

As comunidades mantêm critérios e padrões de vida que incentivam formas responsáveis e

---

12 Wendell Berry, «Sex, Economy, Freedom, and Community», in: *Sex, Economy, Freedom, and Community: Eight Essays.* Nova York: Pantheon, 1994, p. 120.

13 Ibidem, pp. 120–1.

sancionadas pela comunidade de vínculos eróticos, com o objetivo de incentivar fortes laços familiares e compromissos que constituem a espinha dorsal da saúde comunitária e a transmissão da cultura e da tradição. As comunidades moderam assim as reivindicações dos «portadores de direitos»: por exemplo, Berry insiste que elas estão justificadas em manter padrões de decência internamente derivados para incentivar e manter uma ecologia moral desejável. Ele defende de modo explícito a prerrogativa da comunidade de exigir que certos livros sejam retirados do currículo escolar e de insistir que a Bíblia seja usada em sala de aula e apresentada como a «palavra de Deus». Ele chega inclusive a refletir que «o futuro da vida em comunidade neste país [Estados Unidos] pode depender das escolas privadas e do *homeschooling*».[14] A família é a fonte dos hábitos culturais e das práticas que incentivam a sabedoria, o bom senso e o conhecimento local por meio dos quais os seres humanos florescem e prosperam como comunidade e reivindicam com justiça o papel primário na educação e na criação das crianças de uma determinada comunidade.

A comunidade começa com a família mas se estende além dela para incorporar um *locus* adequado do bem comum. Para Berry, o bem comum pode ser atingido apenas em ambientes pequenos, locais. É impossível dizer com precisão quais são essas dimensões, mas Berry parece endossar a cidade como *locus* básico do bem-estar público, e a região como cenário principalmente para o campo econômico e interpessoal. Ele não se mostra hostil em relação a uma concepção nacional ou mesmo internacional do bem comum, mas reconhece que o escopo maior dessas unidades mais amplas tende à abstração, que sempre vem às custas do florescimento das vidas humanas reais. Unidades maiores do que a localidade ou a região só podem florescer propriamente

....
14 Ibidem, p. 157.

falando quando suas partes constitutivas florescem. O liberalismo moderno, por outro lado, insiste na prioridade da unidade maior em detrimento da menor e busca em toda parte impor um padrão homogêneo a um mundo de particularidade e diversidade. Essa tendência pode ser percebida em toda parte na sociedade liberal moderna, da educação às decisões judiciais que nacionalizam a moralidade sexual, da padronização econômica a regimes regulatórios minuciosos e exigentes.[15] A tendência da política moderna − nascida de uma filosofia que endossa a expansão do controle humano − vai na direção da sujeição de todas as particularidades à lógica da dinâmica de mercado, da exploração de recursos locais e da hostilidade ativa em relação aos costumes e tradições locais diversificados em nome do progresso e do racionalismo.

A política moderna, como Berry ressaltou, é impaciente com a variedade local, particularmente quando ela não aceita a adesão moderna ao progresso material, ao crescimento econômico e à libertação pessoal de todas as formas de trabalho

---

15 Para que não se tenha a impressão de que essa crítica à «padronização» liberal − muito frequentemente na forma de uma imposição legal nacional e, cada vez mais, internacional − implica que a esquerda e o Partido Democrata sejam os únicos responsáveis por isso, ver como contraexemplo o texto «Bullies along the Potomac» de Nina Mendelson no *New York Times*, 5 jul. 2006, disponível em <http://www.nytimes.com/2006/07/05/opinion/05mendelson.html>. Mendelson relata que o Congresso controlado pelo Partido Republicano − longe de insistir nos direitos dos Estados − num período de cinco anos, começando em 2001, aprovou 27 leis «que impedem a ação da autoridade estadual em áreas que vão da poluição do ar à defesa do consumidor», incluindo uma lei intitulada «Ato de Uniformidade Alimentar Nacional». Ou, no campo da educação, pense no efeito do célebre programa «Nenhuma Criança Deixada para Trás», do presidente Bush, ou na atração da padronização na área do ensino superior que foi ameaçada pela Comissão sobre o Futuro do Ensino Superior, organizada por sua secretária de Educação, Margaret Spellings.

que são elementares ou que limitam a mobilidade e a eficiência.[16] Berry é um árduo crítico da homogeneização que os Estados modernos geram e que as premissas econômicas modernas defendem.[17] Ele defende o senso «comum» ou «tradicional», aquela sensibilidade das pessoas comuns que frequentemente resiste à lógica do desenvolvimento e do progresso econômico e liberal. Ecoando Giambattista Vico, um dos primeiros críticos do racionalismo desenraizado de Descartes e Hobbes, Berry defende aquilo que Vico chamou de *sensos communis*. Esse «conhecimento comum» é resultado da prática e da experiência, o estoque acumulado de sabedoria nascido dos juízos e correções das pessoas que viveram, sofreram e floresceram em ambientes locais. As regras e as práticas baseadas numa noção preconcebida de justiça não podem ser impostas sem levar em consideração a prudência e o respeito ao senso comum.[18] Isso não significa sugerir que as tradições não possam ser modificadas ou alteradas,

---

16 O ponto de vista de Berry tem grande semelhança com muitas críticas e preocupações do historiador e intelectual Christopher Lasch. Ver as obras de Lasch *The True and Only Heaven: Progress and Its Critics* (Nova York: Norton, 1991) e *The Revolt of the Elites and the Betrayal of Democracy* (Nova York: Norton, 1994).

17 A defesa da diversidade local começa, mas não termina, com a diversidade agrícola. Essa diversidade é necessária não apenas por motivos técnicos mas também como meio de evitar a suscetibilidade de sistemas homogêneos a eventos cataclísmicos – sejam naturais ou causados pelo homem, como no caso do terrorismo. Ver Berry, «Some Notes for the Kerry Campaign, If Wanted», in: *The Way of Ignorance,* p. 18. Berry tinha pouca ilusão de que Kerry ouviria seu conselho, e parece que ele estava certo em sua avaliação.

18 Nesse sentido, a crítica de Berry a uma «lógica» imposta externamente é semelhante às críticas de Michael Oakeshott. Ver «Racionalismo na política», in: *Conservadorismo*. Belo Horizonte-Veneza: Ayiné, 2016, e *The Politics of Faith and the Politics of Scepticism*. New Haven: Yale University Press, 1996.

mas, como defendeu Burke, elas devem ter permissão presumida para se modificar a partir de dentro, com a compreensão e o assentimento das pessoas que desenvolveram vidas e comunidades baseadas nessas práticas. Existe portanto, no pensamento de Berry, um respeito considerável pela dignidade do «senso comum», um modo de compreensão do mundo que não parte de especialistas e que nasce da experiência, da memória e da tradição, e que é fonte de grande parte da opinião democrática tipicamete desprezada pelo liberalismo.

A Morte da Cultura e a Ascensão do Liberalismo

Embora nossos principais atores políticos discutam se quem protege melhor o cidadão liberal é o Estado liberal ou se é o mercado, eles cooperam para a evisceração das culturas genuínas. As estruturas legais liberais e o sistema de mercado se auxiliam mutuamente na desconstrução da variedade cultural em favor de uma monocultura legal e econômica – ou, mais corretamente, uma monoanticultura. Os indivíduos, libertos e desvinculados de histórias e práticas particulares, se tornam intercambiáveis dentro de um sistema político-econômico que exige partes universalmente substituíveis.

Alexander Soljenítsin claramente percebeu o desregramento existente no coração das ordens liberais – um desregramento que surgiu centralmente da importância que o liberalismo dizia dar ao «estado de direito», enquanto esvaziava todas as normas e costumes sociais em prol de códigos legais. Em seu polêmico discurso de formatura na universidade de Harvard em 1978, «Um mundo dividido», Soljenítsin criticou a confiança liberal moderna na vida «legalista». Ecoando a compreensão hobbesiana e lockiana da lei como «cercas» legais que restringem a perfeita autonomia legal, o legalismo liberal se coloca contra a nossa liberdade natural, e assim é sempre visto como uma imposição que deveria ser evitada ou contornada. Desvinculado de toda concepção de «realização» – telos ou florescimento – e dissociado de normas da lei natural, o legalismo resulta em um esforço bastante difundido para a perseguição mais plena possível de desejos com o mínimo de observância a quaisquer proibições legais. Como observou Soljenítsin,

> Se um indivíduo está certo do ponto de vista legal, não se exige mais nada, ninguém pode mencionar que a pessoa pode não estar completamente correta, e pedir algum tipo de autocontrole ou a renúncia a esses direitos, apelar para o sacrifício e para o risco altruísta: isso simplesmente soaria absurdo. *Quase não se ouve falar em autocontrole voluntário*: todos lutam para expandir ainda mais os limites extremos da lei.[19]

Soljenítsin foi ao coração do grande fracasso do liberalismo, à sua fraqueza fundamental: sua incapacidade de incentivar o autogoverno.

É adequado que Soljenítsin tenha feito seu discurso em Harvard, a mais importante universidade do país, uma vez que as elites universitárias são exemplos importantes daquilo que em outros tempos foram instituições de formação cultural e que se tornaram fornecedores de anticultura liberal. As elites universitárias, e o sistema educacional de maneira mais ampla, são as linhas de frente do avanço do desmantelamento deliberado e completo de uma vasta gama de normas e práticas culturais, promovido pelo liberalismo em nome da libertação de nosso passado. Duas áreas em particular são servidas e reforçadas pelo imperativo educacional de promover a anticultura contemporânea: a dissolução das normas sexuais e econômicas, ambas

---

19 Alexander Soljenítsin, «A World Split Apart», in: *Solzhenitsyn at Harvard*. Ed. Ronald Berman. Washington, DC: Ethics and Public Policy Center, 1980, p. 7.

promovidas em nome da libertação do desejo humano que é definido especialmente pelo consumo, pelo hedonismo e pelo pensamento de curto prazo. O fato de cada uma das duas principais partes do liberalismo – «liberais» e «conservadores» – verem cada uma dessas atividades como problemáticas e como o cerne de seus compromissos reflete o caráter insidioso e sutil do avanço do liberalismo.

As universidades são a linha de frente da revolução sexual, os templos saturados pelo proselitismo da ortodoxia moderna da libertação individual. Na descrição de Stephen Gardner, o dogma central do novo credo afirma que «Eros deve ser elevado ao nível do culto religioso na sociedade moderna [...] É no desejo carnal que o indivíduo moderno crê afirmar sua 'individualidade'. O corpo deve ser o verdadeiro 'sujeito' do desejo, já que o indivíduo deve ser o autor de seu próprio desejo».[20] O «sujeito» imaginado no «estado de natureza» é agora a criatura resultante e a criação do sistema educacional do liberalismo, a um só tempo afirmando meramente respeitar a autonomia natural dos indivíduos e ativamente catequizando essa norma «desprovida de normas».

Uma das revoltas da revolução sexual foi a rejeição a regras e guias duradouros que governavam o comportamento dos estudantes nas faculdades e universidades do país. Anteriormente vistas como substitutas dos pais – *in loco parentis*, «no lugar dos pais» –, essas instituições ditavam regras relativas à vida no dormitório, namoros, toques de recolher, visitas e comportamento. Os adultos – muitas vezes membros do clero – ficavam encarregados de dar continuidade ao cultivo da juventude no caminho para uma vida adulta responsável. Há cerca de cinquenta anos os alunos foram liberados da

---

20 Stephen Gardner, «The Eros and Ambitions of Psychological Man», in: Philip Rieff, *The Triumph of the Therapeutic: Uses of Faith after Freud*. Wilmington, DE: ISI, 2006, p. 244.

faculdade-babá, e o que estamos vendo não é um nirvana sexual, e sim um estado generalizado de confusão e anarquia, e uma nova forma de *in absentia parentis* – o Estado paternalista.

As duradouras regras e culturas locais que governavam o comportamento por meio da educação e do cultivo de normas, maneiras e moral passaram a ser vistas como limites opressivos à liberdade individual. Essas formas de controle foram eliminadas em nome da libertação, levando ao abuso regularizado dessas liberdades, nascido principalmente da ausência de um conjunto qualquer de práticas ou costumes que estabeleçam limites ao comportamento, especialmente na tensa arena da interação sexual. O governo federal, visto como a única autoridade legítima para corrigir algo, exerceu seus poderes para voltar a regular os comportamentos depois da libertação. Mas, depois do desmantelamento das culturas locais, não há mais um conjunto de normas pelas quais se possa cultivar o autodomínio, já que essas normas constituiriam uma limitação injusta à nossa liberdade. Agora só pode haver ameaças punitivas que ocorrem depois do fato. A maior parte das instituições deixou de lado a atividade de tentar educar o exercício da liberdade por meio do cultivo do caráter e da virtude; em vez disso, a ênfase é dada à probabilidade de punição depois de um corpo ter feito mal a outro corpo.

Essa fábula da imoralidade é a visão hobbesiana em microcosmo: primeiro, a tradição e a cultura devem ser eliminadas como arbitrárias e injustas («homem natural»). Depois vemos que a ausência dessas normas leva à anarquia («o estado de natureza»). Considerando que essa anarquia é intolerável, voltamo-nos para um soberano central como nosso único protetor, o «Deus Mortal» que nos protegerá de nós mesmos («o contrato social»). Fomos liberados de todos os nossos costumes e da tradição, de toda autoridade que buscava educar dentro do contexto das comunidades existentes, e substituímos essas coisas por uma autoridade distante que nos pune quando abusamos de nossa liberdade. E hoje, desprovidos de quaisquer tipos informais e locais de autoridade, podemos praticamente estar certos de que esses abusos ocorrerão regularmente e de que o Estado achará ser necessário se intrometer cada vez mais minuciosamente nos nossos assuntos pessoais («Prerrogativa»).

Vemos uma libertação idêntica do apetite no campo econômico, no qual culturas econômicas variadas são desmanteladas em nome de «leis» econômicas homogêneas, desconectando a busca do apetite pelo bem comum, e confiando na nada confiável coação de uma abstrata e distante regulação dos mercados, amparado na promessa de punição pelo Estado liberal. Assim como a destruição de culturas de campi distintas e a sua substituição por uma selva em que cada vez mais impera o *laissez-faire* com a supervisão administrativa distante deu origem a uma «cultura do estupro», «o mercado» substituiu um mundo de culturas econômicas distintivas. O quase colapso da economia mundial em 2008 foi, acima de tudo, o resultado da eliminação de uma cultura que existia para regular e disciplinar a concessão e a aquisição de hipotecas. Essa atividade historicamente era vista como algo local, que exigia relacionamentos que se desenvolviam ao longo do tempo e em determinado lugar. As leis e normas existiam para fortalecer a cultura local da hipoteca, proibindo que os bancos abrissem filiais fora dos lugares onde tinham suas sedes, o que tinha como base a crença de que a concessão e a aquisição de crédito dependiam da confiança e do conhecimento local. Essas leis, e a cultura que elas sustentavam, pressupunham que «os interesses dos banqueiros e os interesses da comunidade como um todo são idênticos».[21] O mercado de hipotecas

---

21 Simone Polillo, «Structuring Financial Elites: Conservative Banking and the Local Sources of Reputation in Italy and the United States,

portanto era compreendido não como uma arena aberta de relações anônimas e abstratas, e sim como uma forma de reminiscência organizada em que a confiança, a reputação, a memória e a obrigação eram pré-requisitos para o funcionamento do mercado. Como Thomas Lamont, chefe do J.P. Morgan disse sobre seus negócios em 1928, «a comunidade como um todo exige que o banqueiro seja um observador honesto das condições em seu entorno, que estude constante e cuidadosamente essas condições financeiras, econômicas, sociais e políticas e que tenha uma visão ampla de tudo isso».[22]

Em 2008, a indústria já tinha sido despojada de qualquer cultura desse tipo, enraizada na natureza, no tempo e no espaço – assim como os campi universitários. Na verdade, treinar nas festas dos dormitórios e nas fraternidades universitárias era a preparação ideal para uma carreira no mercado de hipotecas e na festa da fraternidade financeira de Wall Street de maneira geral. A indústria da hipoteca se apoiava no equivalente financeiro das «ficadas» dos universitários, encontros aleatórios de estranhos em que os apetites (por dívidas ou juros desproporcionais) eram saciados sem nenhuma atenção para as consequências que isso poderia trazer à comunidade como um todo. A responsabilidade e os empréstimos a custo zero eram mutuamente satisfatórios e estavam completamente libertos dos limites de uma ordem financeira mais antiga. Porém, de modo muito semelhante ao que ocorreu nos campi, esses arranjos levaram a uma tremenda irresponsabilidade e a abusos, causando danos a comunidades e acabando com vidas. A

1850–1914», tese de doutorado, University of Pennsylvania, 2008, p. 157. Esse estudo foi trazido à minha atenção por Matthew Crawford, *Shop Class as Soul Craft: An Inquiry into the Value of Work*. Nova York: Penguin, 2010.

22 Citado em Polillo, «Structuring Financial Elites», p. 159.

resposta foi a mesma: apelos por maior regulamentação governamental e supervisão para as consequências de um apetite descontrolado, com ameaças de punições (raramente levadas a cabo) e uma expansão gigantesca do Estado administrativo para supervisionar uma interação humana básica – o esforço para garantir que a pessoa tenha um teto sobre sua cabeça. O que a libertação dos limites e restrições impostos pelas culturas de mercado locais traz não é a liberdade perfeita, e sim a expansão do Leviatã. A destruição da cultura não leva à libertação, mas à impotência e à servidão.

A dissolução da cultura é simultaneamente o pré-requisito para a libertação do indivíduo desvinculado, para um mercado difuso e abrangente e para o empoderamento do Estado. Os indivíduos apelam para as autoridades disponíveis pedindo um afrouxamento das normas e práticas culturais em nome da libertação do indivíduo, o que leva a várias pressões que diminuem ou dissolvem as características constitutivas de normas informais de longa data. Na ausência dessas normas, os indivíduos vão em busca da liberdade liberada, satisfazendo o desejo de agir conforme a própria vontade, fazendo tudo que não esteja proibido pela lei nem cause mal evidente. Mas, sem os padrões orientadores de comportamento que eram desenvolvidos pelas práticas e expectativas culturais, os indivíduos libertos inevitavelmente entram em conflito. A única autoridade agora capaz de julgar o que cada parte reivindica é o Estado, o que leva a um aumento da atividade legal e política nos assuntos locais que antes em geral eram resolvidos por meio de normas culturais. O individualismo liberal exige o desmantelamento da cultura; e, à medida que a cultura desaparece, o Leviatã cresce e a liberdade responsável retrocede.

Liberalismo Parasita

Os indícios de nossa anticultura estão à nossa volta e no entanto são em geral negados. O liberalismo se expande ao habitar espaços abandonados pelas culturas e tradições locais, o que leva a seu descarte ou à sua supressão ou, o que é muito mais frequente, à sua redefinição e perda de conteúdo. Em vez de produzirmos nossas próprias culturas, baseadas em lugares físicos, vinculadas ao tempo e em geral desenvolvidas a partir de uma herança de nossos antepassados, vizinhos e de nossa comunidade – música, arte, histórias, alimentação –, temos uma probabilidade maior de consumir produtos industrializados, testados pelo mercado e comercializados em massa, muitas vezes marcados por um simbolismo comercializado que mascara a evisceração da cultura. Um fluxo de histórias acentua nossa incapacidade crescente de fazer as coisas por conta própria, desde o amplamente lido e discutido relato de Matthew Crawford sobre o declínio de cursos práticos como indicador de nossa ignorância cada vez maior sobre como construir e consertar coisas até um recente relatório sobre o declínio das vendas de pianos e dos serviços de manutenção de pianos em casa, consequência da substituição da música tocada em casa pela música produzida em massa.[23]

O campeão dentre os «parasitas de ninhada» é o chupim, que deposita seus ovos nos ninhos de mais de duzentas espécies de pássaros, fazendo com que outras aves criem seus filhotes como se fossem delas. O liberalismo adotou essa prática insidiosa: sob o liberalismo, «cultura» se transforma em uma palavra que parasita a palavra original, substituindo as genuínas culturas por um simulacro liberal adotado com avidez por uma população que

---

23 «No Longer the Heart of the Home, the Piano Industry Quietly Declines», *New York Public Radio*, 6 jan. 2015, disponível em <http://www.thetakeaway.org/story/despite-gradual-decline-piano-industry-stays-alive/>.

não está consciente da troca. Invocações da «cultura» tendem a ser feitas no singular, não no plural, ao passo que as verdadeiras culturas são múltiplas, locais e particulares. Temos a tendência de falar de fenômenos como «cultura popular», um produto testado pelo mercado e padronizado por empresas comerciais e produzido para consumo em massa. Cultura é o acúmulo de experiências e memórias locais e históricas, mas a «cultura» liberal é o vácuo que fica depois de a experiência local ter sido eviscerada, de a memória ter sido perdida e de todos os lugares terem se tornado iguais. Uma imensidão de culturas genuínas é substituída pela celebração do «multiculturalismo», redução da variedade de culturas reais à homogeneidade liberal vagamente vestida com trajes nativos facilmente descartáveis. O «ismo» de «multiculturalismo» sinaliza o êxito do liberalismo em desenraizar a verdadeira variedade cultural. No momento mesmo em que as culturas vão sendo substituídas por uma anticultura difusa, a linguagem da cultura é promovida como meio de explicar o distanciamento que a humanidade liberal toma de culturas específicas. A celebração homogênea de todas as culturas efetivamente significa a existência de nenhuma cultura. Quanto mais insistente é a invocação do «pluralismo» ou da «diversidade», ou, no mundo do varejo, da «escolha», mais assegurada está a destruição das culturas genuínas. Nossa lealdade primária é com a celebração do pluralismo e da diversidade liberais, que moldam adeptos homogeneizados e idênticos da diferença, exigindo e assegurando uma indiferença generalizada.

As culturas, por outro lado, embora sejam muitas e variadas, quase sempre têm traços comuns, que incluem uma crença na continuidade entre a natureza humana e o mundo natural; a experiência do passado e do futuro como estando embutidas no presente; e a firmeza e o caráter sagrado do lugar do indivíduo, assim como profunda gratidão e responsabilidade de tomar conta desse lugar e preservá-lo. O liberalismo tem como premissa a rejeição de cada um desses aspectos constitutivos da cultura, uma vez que reconhecer a continuidade com a natureza, as dívidas e as obrigações que vêm com o fluxo do tempo e com as gerações, ou uma identidade forte com o lugar de origem do indivíduo significava limitar a experiência da pessoa e suas oportunidades de se tornar um agente autocriado. A cultura era a maior ameaça à criação de um indivíduo liberal, e uma das principais ambições do liberalismo, que vem sendo cada vez mais plenamente realizada, era uma reformatação do mundo, que passa a se organizar em torno da guerra humana contra a natureza, de uma amnésia generalizada em relação ao passado e de uma indiferença em relação ao futuro, e da completa desconsideração pela ideia de fazer com que os lugares sejam dignos de ser amados e habitados por gerações. A substituição dessas condições por uma anticultura ubíqua e uniforme é ao mesmo tempo uma conquista triunfante do liberalismo e uma das grandes ameaças à continuidade de nossa vida em comum. A própria base do êxito do liberalismo leva novamente às condições de sua morte.

Capítulo 4

A Tecnologia e a Perda da Liberdade

Nossa natureza tecnológica é causa de elogios e apreensão há milênios, mas foi só na era moderna — grosso modo desde a aurora da industrialização — que entramos no que pode ser chamado de era tecnológica. Embora sempre tenhamos sido criaturas tecnológicas, nossa dependência da tecnologia mudou visivelmente, assim como nossa atitude em relação à tecnologia e nossa relação com ela. É difícil lembrar de obras de poesia, literatura ou música que expressem uma grande paixão da sociedade pela tecnologia no período pré-moderno. Não há grandes obras medievais exaltando a invenção do estribo de ferro ou do colar de cavalo. Nossa relação intelectual e emocional com essas tecnologias — tanto nosso imenso otimismo em relação às perspectivas do progresso humano quanto nosso profundo terror causado pelo apocalipse que essa mesma tecnologia pode gerar — é produto dos tempos modernos.[1]

A oscilação entre êxtase e ansiedade causada pelo papel da tecnologia nas nossas vidas se tornou uma das principais formas de autoexpressão e entretenimento na era moderna, pelo menos desde o romance *Frankenstein*, de Mary Shelley. Nos últimos anos, o gênero parece ter se tornado ainda mais difundido, com ênfase não apenas na promessa e na ameaça tecnológica, mas também na possibilidade de que a tecnologia impeça ou cause um apocalipse. Minha impressão não científica é a de que cada vez há mais programas populares dedicados a esse tema. Se nossa percepção em relação à ameaça das

---

1 Brett T. Robinson, *Appletopia: Media Technology and the Religious Imagination of Steve Jobs*. Waco, TX: Baylor University Press, 2013.

armas nucleares parece ter diminuído um pouco, descobrimos outros motivos de pânico, que vão de catástrofes médicas a guerras de ciborgues contra a humanidade, passando por mudanças climáticas cataclísmicas e pelo fantasma da extinção humana.

Nas últimas décadas, vários filmes de sucesso retrataram o apocalipse como resultado de forças incontroláveis que os humanos combateram com valentia, frequentemente com êxito. As ameaças incluem a extinção por um asteroide, como em *Armageddon* e *Impacto profundo*; invasão alienígena, como em *Independence Day*, *Guerra dos mundos* e *Invasão do mundo: Batalha de Los Angeles*; e, em 2012, morte generalizada coincidindo com o fim do calendário maia. Em todos esses filmes, é a tecnologia, de várias maneiras, que serve como fonte de triunfo final da humanidade ou de sua salvação contra essas ameaças.

No entanto, exemplos mais recentes do gênero parecem se concentrar mais no modo como a tecnologia pode ser a *fonte* de nossa condenação. Alguns filmes recentes retomam o temor de um apocalipse nuclear, como *O livro de Eli* e *A estrada*. Outros postulam que daremos fim à civilização por meio do aquecimento global, como *O dia depois de amanhã*. Há filmes sobre experimentos médicos que dão errado, levando a mortes em grande escala, como *Eu sou a lenda*, *Quarentena*, *Contágio* e *Planeta dos macacos: A origem*. Há histórias sobre nossa tecnologia falhando ou nos atacando, como a série *Exterminador do futuro* e, mais recentemente, o programa televisivo *Revolução*, sobre uma época em que todas as máquinas deixam de funcionar e a eletricidade deixa de estar disponível. A série *Westworld*, sucesso da HBO, mostra máquinas se tornando mais humanas do que uma humanidade desumanizada, insinuando que podemos ter criado uma versão melhorada de nós mesmos. De modo semelhante, a série digital *H+* relata um futuro em que os desenvolvimentos em nanotecnologia levam ao implante disseminado de minúsculos chips em seres humanos, permitindo que eles descartem telefones celulares, tablets e computadores ao se tornarem eles próprios receptores interconectados de dados, textos e e-mails. Embora a série comece com declarações triunfantes de transumanistas tecno-otimistas, a tecnologia em pouco tempo se torna fatal, causando a morte de milhões de pessoas que receberam o implante.

A maior parte dos exemplos recentes do gênero parece refletir um pressentimento disseminado relacionado a um senso compartilhado de impotência, e até mesmo o potencial para uma nova espécie de servidão em que estaríamos à mercê da própria tecnologia que supostamente nos libertaria. Esses filmes e programas retratam o modo como, em meio à nossa crença otimista e até mesmo orgulhosa de que nossa tecnologia nos levará a uma nova era de liberdade, descobrimos de vários modos que estamos sujeitos a essas mesmas tecnologias. Em vez de controlar nossa tecnologia para que ela nos aprimore, descobrimos que a tecnologia acaba ou nos governando ou nos destruindo.

HUMANIDADE ANDROIDE

Uma série de estudos e trabalhos acadêmicos também explora, ainda que de modo menos dramático, os modos pelos quais estamos sujeitos aos efeitos transformadores de nossas tecnologias. Um exemplo supremo pode ser encontrado nas descrições cheias de ansiedade sobre como a internet e as mídias sociais estão nos modificando de maneira inescapável, principalmente para pior. Vários livros e estudos recentes descrevendo os efeitos malignos mensuráveis dessas tecnologias encontraram uma plateia interessada muito além dos círculos acadêmicos de costume. Por exemplo, em seu livro amplamente discutido *A geração superficial: o que a internet está fazendo com os nossos cérebros*, Nicholas Carr descreve como a internet está literalmente nos modificando, transformando nossos cérebros em órgãos diferentes daqueles que existiam no mundo pré-internet. Recorrendo a desenvolvimentos em estudos sobre a plasticidade cerebral, Carr descreve como o uso persistente da internet está levando a mudanças fisiológicas em nossos cérebros, e desse modo mudando nossa maneira de pensar, aprender e agir. Ele afirma que a exposição continuada à internet está alterando nossas sinapses, aumentando nossa avidez por mudanças frequentes em imagens e conteúdo e nos tornando menos capazes do que nossos antepassados para atividades que exijam concentração e foco. Para Carr, essa mudança não é totalmente para pior, já que algumas áreas do cérebro mostraram aumentos mensuráveis, particularmente aquelas relacionadas à tomada de decisões e à solução de problemas. Porém esses ganhos são acompanhados por perdas significativas nas habilidades da fala, da memória e da concentração. Nós somos, ele diz, mais superficiais, não apenas num nível externo, mas também fisiologicamente. A internet está nos tornando mais burros.[2]

Outros livros enfatizam as contribuições da internet e das mídias sociais para mudanças em nossas vidas sociais e relacionais, frequentemente para pior. Em seu livro *Alone Together*, Sherry Turkle, do MIT, reúne indícios de que nosso uso disseminado das mídias sociais modernas serve menos para criar novas comunidade e mais para substituir as comunidades do mundo real que ele está destruindo. Turkle nos lembra que a raiz da palavra «comunidade» significa literalmente «dar uns aos outros» e defende que essa prática exige «proximidade física» e «responsabilidades compartilhadas». A presença crescente das mídias sociais incentiva relacionamentos que evitam esses dois elementos constitutivos da comunidade, substituindo esse conjunto

---

2 Nicholas G. Carr, *The Shallows: What the Internet Is Doing to our Brains*. Nova York: Norton, 2010.

mais denso de práticas compartilhadas pelos laços mais frágeis e mais voláteis das «redes». Turkle não é meramente nostálgica – ela reconhece a dificuldade e até mesmo os aspectos terríveis da comunidade em outros tempos. Ela descreve a comunidade em que seus avós viveram, por exemplo, como «carregada de profundos antagonismos». Mas a mesma densidade que fazia surgir essas relações contenciosas, ela escreve, também inspirava as pessoas a cuidarem umas das outras em tempos de necessidade. Turkle teme que estejamos perdendo não só essa experiência como também a capacidade de formar vínculos mais fortes que constituam comunidade, e que nossa atração pelas mídias sociais esteja a um só tempo minando esses vínculos e fornecendo um pálido simulacro para preencher a lacuna. As mídias sociais se tornam más substitutas daquilo que destroem, e Turkle parece pessimista quanto às perspectivas de desacelerar essa transformação. Na melhor das hipóteses podemos tentar limitar o acesso de nossos filhos à internet, porém Turkle parece resignada com a improbabilidade de mudar de maneira fundamental a dinâmica em curso.[3]

Esses trabalhos recentes seguem a tradição estabelecida por críticos da tecnologia que enfatizam o modo como a tecnologia nos modifica e, em particular, destrói modos de vida de longa data, atacando a própria base da cultura. Há uma longa tradição de crítica cultural, que vai dos questionamentos ao modernismo feitos por Lewis Mumford até *A sociedade tecnológica*, de Jacques Ellul, que enfatiza o modo pelo qual a «técnica» da tecnologia apaga tudo em seu caminho em nome da utilidade e da eficiência, chegando mais recentemente a Wendell Berry, para quem a tecnologia das máquinas tem sua própria lógica, que tende a destruir as práticas e as tradições de uma comunidade. Talvez

---

3 Sherry Turkle, *Alone Together: Why We Expect More from Technology and Less from Each Other*. Nova York: Basic, 2011.

a voz mais representativa nessa tradição seja a de Neil Postman, cujo livro *Tecnopólio* – publicado em 1992 – tinha o sugestivo subtítulo *A rendição da cultura à tecnologia*.

Naquele livro, Postman descreve a ascensão na era moderna daquilo que ele denomina Tecnocracia. Postman escreve que as formas pré-industriais de cultura e organização social usavam ferramentas tanto quanto as sociedades tecnocráticas, porém as ferramentas empregadas «não atacavam (ou para ser mais preciso, não tinham a intenção de atacar) a dignidade e a integridade da cultura em que elas eram introduzidas. Com algumas exceções, as ferramentas não impediam que as pessoas cressem em suas tradições, em seu Deus, na sua política, em seus métodos de educação ou na legitimidade de sua organização social».[4] As ferramentas adotadas por uma Tecnocracia, por outro lado, transformam constantemente o modo de vida. Postman escreve: «Tudo deve ceder, em algum grau, a seu desenvolvimento [...] As ferramentas não estão integradas à cultura; elas atacam a cultura. Elas pretendem se *tornar* a cultura. Como consequência, a tradição, os costumes sociais, o mito, a política, o ritual e a religião precisam lutar para sobreviver».[5] Com a tecnocracia, entramos na era do «tecnopólio», em que um mundo culturalmente achatado opera sob uma ideologia de progresso que leva à «submissão de todas as formas de vida cultural à soberania da técnica e da tecnologia». As práticas culturais residuais que sobreviveram à era da tecnocracia hoje cedem lugar a um mundo transformado em que a tecnologia é ela mesma a nossa cultura – ou anticultura, uma dinâmica que destrói a tradição e mina os costumes, substituindo práticas culturais, memórias e crenças.

---

4 Neil Postman, *Technopoly: The Surrender of Culture to Technology*. Nova York: Vintage, 1993.

5 Ibidem, p. 28.

O que essas críticas têm em comum é a suposição de que nossa tecnologia está nos modificando, frequentemente para pior. Somos os objetos de sua atividade e em grande medida nos vemos impotentes diante de seu poder transformador. Nossa ansiedade surge da crença de que não temos mais como controlar a tecnologia que deveria ser uma grande ferramenta de nossa liberdade.

Uma ansiedade talvez ainda mais profunda surge da crença de que os avanços tecnológicos são inevitáveis e que por mais que se alerte para seus riscos nada impedirá que eles sigam adiante. Uma espécie de narrativa hegeliana ou darwinista parece dominar nossa visão do mundo. Parecemos estar inexoravelmente criando nosso próprio destruidor ou, como Lee Silver escreve em *Remaking Eden*, evoluindo rumo a uma criatura essencialmente diferente, uma transformação que temos motivos para temer. Nossa cultura popular parece ser uma espécie de Cassandra eletrônica, enxergando o futuro porém incapaz de fazer com que alguém creia nele. A cultura oferece profecias nascidas de nossas ansiedades que servem como entretenimento, e sentimos um prazer perverso em nos distrair com retratos de nossa impotência.

Um exemplo desse gênero de inevitabilidade tecnológica (e política), embora com tom triunfalista, é a narrativa construída por Francis Fukuyama em seu famoso ensaio, mais tarde transformado em livro, *O fim da História*. O livro, especialmente, oferece uma longa explicação materialista da lógica científica inexorável, movida pela necessidade de avanços constantes na tecnologia militar, o que contribui para a ascensão definitiva do Estado liberal. Apenas o Estado liberal, na visão de Fukuyama, poderia fornecer o ambiente para a pesquisa científica que levou aos maiores avanços em equipamentos e táticas militares. Todos os outros inelutavelmente são forçados a seguir. No entanto, em um livro escrito apenas uma década depois sobre avanços na biotecnologia e «nosso futuro pós-humano», Fukuyama reconhece que essa mesma lógica pode acabar alterando a própria natureza humana, pondo em risco, como resultado, a ordem política da democracia liberal que ela foi criada para sustentar.[6]

Outros trabalhos falam da inevitabilidade tecnológica como resultado de forças embutidas na própria natureza da realidade. Em seu hoje clássico ensaio de 1967 «As máquinas fazem história?», o historiador econômico Robert Heilbroner retrata uma lógica interna ao desenvolvimento da história que levou os humanos rumo ao desenvolvimento tecnológico. Embora as sociedades possam adotar essas tecnologias em ritmos diferentes, há uma espécie de «determinismo brando» no desenvolvimento tecnológico. Talvez ainda mais decisivo seja o argumento encontrado no breve livro de 1978 de Daniel J. Boorstin, *A república da tecnologia*, em que ele retrata o desenvolvimento tecnológico como seguindo uma espécie de «Lei», como a lei da gravidade ou a da termodinâmica. Por exemplo, «a Lei Suprema da República da Tecnologia é a convergência, a tendência a que tudo se torne sempre mais parecido com todo o resto».[7] As leis que governam o desenvolvimento tecnológico desse modo moldam inevitavelmente nosso mundo humano para que ele se torne cada vez mais idêntico – antecipando as suspeitas atuais de que o filho moderno da tecnologia, a «globalização», seja uma espécie de desdobramento inescapável.

---

6 Francis Fukuyama, *The End of History and the Last Man.* Nova York: Free Press, 1992, e *Our Posthuman Future: Consequences of the Biotechnology Revolution.* Nova York: Farrar, Straus and Giroux, 2002.

7 Daniel J. Boorstin, *The Republic of Technology: Reflections on Our Future Community.* Nova York: Harper and Row, 1978, p. 5.

Seja contada como elogio ou lamento, essa narrativa da inevitabilidade tende a conceder autonomia para a tecnologia, como se os avanços ocorressem independentemente da intenção e do pensamento humano. Ela se torna um processo inexoravelmente movido por sua própria lógica interna – ou, para modificar uma frase de Hegel, «a esperteza da tekhné», o desdobramento inconsciente de um Geist tecnológico que leva inevitavelmente à convergência e à singularidade, um ponto culminante da História com H maiúsculo plenamente tecnologizado. É possível que ela também tenha um matadouro que exija sua cota de vítimas ao longo de seu desenvolvimento, mas seu sacrifício é justificado pelo Progresso rumo a um futuro melhor e até mesmo aperfeiçoado.

Quero desafiar, ou no mínimo complicar, esses dois modos relacionados pelos quais os seres humanos passaram a compreender e a retratar a tecnologia – como algo que nos molda e até nos reconstrói, e que faz isso segundo uma espécie de lei de ferro da inevitabilidade. Fazer isso exige que eu recue a uma exploração do que Aristóteles chamou de «ciência mestre» de todas as ciências – a filosofia política – e tente discernir as origens mais profundas do novo relacionamento que a humanidade tem com a tecnologia.

A Tecnologia do Liberalismo

Como venho argumentando, o liberalismo promove acima de tudo uma nova compreensão da liberdade. No mundo antigo – seja na antiguidade pré-cristã, especialmente na Grécia antiga, ou durante o longo reinado da Cristandade – a definição dominante de liberdade envolvia o reconhecimento de que ela exigia uma forma adequada de autogoverno. Essa concepção de liberdade se baseava em um relacionamento recíproco entre o autogoverno dos indivíduos pelo cultivo da virtude (seja na concepção antiga ou na concepção cristã das virtudes, que diferiam) e o autogoverno das sociedades, em que a aspiração determinante era a obtenção do bem comum. O pensamento antigo buscava um «círculo virtuoso» das sociedades que daria apoio à formação de indivíduos virtuosos, que formariam a vida cívica de uma sociedade voltada para o bem comum. Grande parte do desafio enfrentado pelos pensadores antigos era saber como dar início a esse círculo virtuoso onde ele não existia ou existia apenas parcialmente, e como mantê-lo sabendo existir a probabilidade da corrupção cívica e da tentação persistente do vício.

A liberdade, segundo essa compreensão, não era fazer o que se desejava, e sim escolher o caminho justo e virtuoso. Ser livre, acima de tudo, era se libertar da escravidão dos próprios desejos mais baixos, que jamais poderiam ser satisfeitos, e cuja busca só poderia dar origem a desejos infinitos e a insatisfação. A liberdade portanto era a condição atingida por meio do autogoverno, do domínio sobre os apetites e sobre o desejo de domínio político.

A característica definidora do pensamento moderno foi a rejeição dessa definição de liberdade em favor de outra que nos é mais familiar hoje. A liberdade, da maneira como definida pelos originadores do liberalismo moderno, era a condição em que os humanos eram completamente livres para buscar aquilo que desejassem. Essa condição – fantasiosamente concebida como um «estado de natureza» – foi imaginada como uma condição anterior à criação da sociedade política, uma condição de pura liberdade. Seu oposto portanto foi concebido como uma limitação. A liberdade já não era, como concebiam os antigos, a condição do autogoverno justo e adequado.

O principal obstáculo político a ser superado era a limitação à liberdade individual imposta pelas outras pessoas. As ordens políticas antigas, previamente dedicadas a incutir a virtude e a elogiar o bem comum, foram atacadas logo cedo por Nicolau Maquiavel como «repúblicas e principados imaginários», lidando com humanos como eles *deveriam ser* em vez de vê-los como eles de fato são. Para liberar a capacidade produtiva e científica das sociedades humanas, um modo diferente e uma nova ordem foram introduzidos – uma forma de tecnologia política completamente nova que possibilitou uma sociedade tecnológica. Essa forma de tecnologia foi a república moderna – que tinha como base a rejeição de premissas-chave do antigo republicanismo –, e acima de tudo se apoiava no controle do interesse próprio tanto na esfera privada quanto na arena pública para assegurar a liberdade humana e aumentar o escopo, a escala e a extensão do poder da humanidade sobre a natureza.

A precondição de nossa sociedade tecnológica foi a grande conquista da tecnologia política, a «tecnologia aplicada» da teoria liberal, nossa Constituição. A Constituição é a corporificação de um conjunto de princípios modernos que buscavam reverter ensinamentos antigos e moldar um ser humano moderno distinto. Ela é uma espécie de tecnologia precursora, a precondição da tecnologia que hoje parece nos governar. Segundo James Madison no décimo texto de *O federalista*, o primeiro objetivo do governo é a proteção da «diversidade nas faculdades humanas», o que significa dizer de nossas buscas individuais e dos resultados dessas buscas – particularmente, Madison escreve, das diferenças na obtenção de propriedade. O governo existe para proteger a maior esfera possível de liberdade individual, e o faz incentivando a busca do interesse próprio tanto entre os cidadãos quanto entre os servidores públicos. «À ambição deve se contrapor a ambição»: os poderes devem ser separados e divididos para impedir que alguém consiga centralizar o poder e se apoderar dele; porém, ao mesmo tempo, o próprio governo deve receber novos poderes substanciais para agir diretamente sobre os indivíduos, tanto para libertá-los das amarras de suas localidades particulares quanto para promover a expansão do comércio e das «artes e ciências úteis».

Essa nova tecnologia política se desenvolveu para expandir a prática da compreensão moderna da liberdade como algo destinado a nos libertar de nossas lealdades parciais a pessoas e lugares específicos, e para nos tornar indivíduos que, acima de tudo, lutam para conquistar nossas ambições e desejos individuais. Parte da nova tecnologia do moderno republicanismo é o que Madison denomina «órbita ampliada» que aumentará as perspectivas das ambições do indivíduo ao mesmo tempo que tornará nossos laços interpessoais e nossos compromissos mais tênues. Uma das maneiras pelas quais o moderno republicanismo deveria combater o antigo problema da divisão política em facções não era pelo elogio ao espírito público, mas sim por meio do incentivo a uma «suspeita dos motivos» que seria resultado da grande extensão da república, cuja dinâmica política estaria em constante mutação, o incentivo ao «pluralismo» e a expansão da diversidade como preferência padrão, modificando desse modo os compromissos dos cidadãos. Uma sociedade política como a nossa nasce por meio de um novo tipo de tecnologia política – uma tecnologia que substitui o antigo elogio da virtude e a aspiração ao bem comum pelo interesse próprio, pela livre ambição dos indivíduos, por uma ênfase nas buscas privadas em detrimento da preocupação com o bem-estar comum, e por uma capacidade adquirida de reconsiderar quaisquer relacionamentos que limitem nossa liberdade pessoal. Com efeito, é inventada uma nova tecnologia política – uma «nova ciência da política» – que em si mesma condiciona nossa compreensão dos propósitos e dos fins da ciência e da tecnologia. A tecnologia não existe desvinculada de normas e crenças políticas e sociais, e na verdade seu desenvolvimento e suas aplicações são moldados por tais normas. O liberalismo introduz um conjunto de normas que nos leva, ironicamente, à crença de que a tecnologia se desenvolve independentemente de quaisquer normas e intenções, moldando nossas normas, nossa sociedade e até mesmo a humanidade, e inevitavelmente escapando ao nosso controle.

À luz desse conjunto de precondições políticas para uma sociedade tecnológica, podemos reconsiderar as duas narrativas dominantes pelas quais tendemos a pensar sobre nosso relacionamento com a tecnologia: aquela segundo a qual a tecnologia nos «molda» de maneiras que deveriam causar arrependimento e até mesmo preocupação, e aquela segundo a qual seus efeitos são inevitáveis e irreversíveis.

Primeiro, como vimos, há grande preocupação com os modos pelos quais a tecnologia mina a comunidade e tende a nos tornar mais individualistas; porém, à luz desse conjunto mais profundo de condições que levou à criação de nossa sociedade tecnológica, podemos ver que a «tecnologia» simplesmente dá sustentação aos compromissos fundamentais da filosofia política dos primeiros tempos da modernidade e a sua peça inicial de tecnologia, nosso governo republicano moderno e a ordem constitucional. Trata-se menos de uma tecnologia que «nos molda» e mais de profundos compromissos políticos que moldam nossa tecnologia. Seria possível dizer que nossa tecnologia política é o sistema operacional que cria o ambiente em que vários programas tecnológicos podem prosperar, e que o sistema operacional foi ele mesmo o resultado de uma transformação da definição e da compreensão da liberdade.

Esse reconhecimento ocorreu, ainda que de modo incompleto, em um artigo muito debatido publicado na revista *Atlantic* intitulado «O Facebook está nos tornando solitários?». Seu autor, Stephen Marche, começa do modo usual, mostrando como uma forma de tecnologia – no caso, o Facebook

— parece estar contribuindo para uma maior solidão e para os sentimentos correspondentes de tristeza e até mesmo depressão. O autor vê a solidão como uma condição quase patológica, ascendendo a níveis epidemiológicos mesmo com o crescente uso de redes sociais como o Facebook. Perto de 20% dos americanos – sessenta milhões de pessoas – dizem se sentir infelizes devido à solidão, ele informa, e uma vasta gama de serviços sociais terapêuticos surgiu para tentar combater essa forma de depressão. «O que era um lamento nostálgico se transformou em uma questão de saúde pública.»[8]

No entanto, Marche, de modo tranquilizador, evita *culpar* o Facebook por essa epidemia de solidão. Pelo contrário, ele afirma que o Facebook e tecnologias semelhantes facilitaram ou até mesmo permitiram que se desse vazão a uma predileção preexistente – o antigo desejo americano de independência e liberdade. O Facebook, portanto, é uma ferramenta que extrai a solidão do meio de um conjunto mais profundo de compromissos filosóficos, políticos e até teológicos. Como Marche ressalta, «a solidão é uma das primeiras coisas que os americanos usam seu dinheiro para comprar [...] Somos solitários porque queremos ser solitários. Nós nos fizemos solitários». Tecnologias como o Facebook, ele escreve, «são um efeito colateral de um antigo desejo nacional de independência». Esse apetite, como eu afirmei, é em si mesmo o resultado de uma redefinição da natureza da liberdade.

Pense num tipo diferente de «tecnologia»: o modo como habitamos o mundo segundo o ambiente que criamos. Mais do que qualquer outro povo, os americanos buscaram um modo de vida que promova uma concepção de nós mesmos como pessoas independentes e separadas, principalmente por meio da criação do subúrbio do pós-guerra,

---

8 Stephen Marche, «Is Facebook Making Us Lonely?», *Atlantic*, maio 2012.

tornado possível pela tecnologia do automóvel. O subúrbio, no entanto, não foi meramente uma «criação» do automóvel; pelo contrário, o automóvel e seus acessórios – estradas, postos de gasolina, shopping centers, cadeias de fast-food – permitiram um estilo de vida que os americanos, em função de compromissos filosóficos mais profundos, estavam predispostos a preferir. Encontramos outros indícios desses pré-compromissos além da influência do automóvel, como a transformação do estilo das construções, documentada no notável artigo «Da varanda ao quintal», publicado em 1975 pelo historiador da arquitetura Richard Thomas. Thomas descreve uma impressionante transição no pós-guerra nos estilos das casas em que a varanda na fachada, anteriormente o traço mais proeminente de uma casa, desapareceu cedendo lugar a um quintal colocado na parte de trás da casa. Ele descreve o papel social e até mesmo cívico desempenhado pela varanda – que não apenas oferecia temperaturas mais amenas e brisa numa era anterior ao ar-condicionado, como promovia «espaços intermediários», uma espécie de espaço civil, entre o mundo privado da casa e os espaços públicos da calçada e da rua. A varanda na fachada, frequentemente disposta num local que permitia facilmente conversas com quem passava pela calçada, era um reflexo arquitetônico de uma era em que havia uma alta expectativa de sociabilidade entre os vizinhos. O quintal dos fundos cresceu em popularidade mais ou menos na mesma época em que houve o aumento do uso do automóvel e a ascensão do subúrbio – todos fatores que criaram um ambiente que levava à privacidade, ao retraimento, ao isolamento e ao declínio do compromisso com os espaços e práticas sociais e cívicas. Essas tecnologias refletiam o compromisso da liberdade republicana moderna, mas não nos tornavam – como muitas vezes se pensa – «solitários».[9]

Como contraexemplo, alguém poderia citar normas sociais e culturais que governam o uso da tecnologia para diferentes propósitos e finalidades. Os amish da Velha Ordem são muitas vezes vistos como uma sociedade que tem fobia à tecnologia, mas essa visão reflete um equívoco preliminar na compreensão da tecnologia – em particular, uma incapacidade de reconhecer que a tecnologia adotada por aquela cultura reflete um compromisso prévio com certos objetivos sociais, assim como a adoção liberal da tecnologia busca realizar seus próprios fins característicos. Algumas decisões dos amish – como a rejeição ao zíper – são incompreensíveis para muitos de nós, mas o que é mais interessante é o critério básico que eles usam para decidir se adotam uma tecnologia em sua sociedade, e, mais importante, como adotarão. Todo desenvolvimento tecnológico está sujeito a uma questão básica, «Isso irá ou não ajudar a manter íntegro o tecido de nossa comunidade?». Eles creem que o automóvel e a eletricidade não o farão (embora implementos movidos a propano sejam aprovados). Para mim, um dos exemplos mais poderosos desse critério é a decisão de não fazer seguros, o que se baseia no fato de que nosso modelo de seguro tem como premissa o máximo de anonimato e o menor grau possível de compromisso pessoal. Pelo preço de um prêmio baseado em cálculos de tabelas atuariais, eu entro para um grupo de outras pessoas que estão em busca de seguro em função de variados objetos e situações, como carro, casa, vida ou saúde. Quando uma dessas áreas sofre um dano, eu ou meus herdeiros podemos procurar a seguradora pedindo uma indenização financeira que me torna completo outra vez. Os recursos são retirados

---

9 Richard H. Thomas, «From Porch to Patio,» *Palimpsest,* ago. 1975.

de um fundo para o qual todos os segurados contribuíram, mas todos nós permanecemos sem saber como, e para quem, os pagamentos foram feitos. Eu estou segurado contra uma diversidade de tragédias, mas não tenho nenhuma responsabilidade pessoal nem nenhuma obrigação com nenhuma outra pessoa que faça parte do grupo de segurados. Minha única obrigação é a transação financeira com a empresa que oferece o seguro.

Certas comunidades amish proíbem que seus membros comprem seguros. Na verdade, a própria comunidade é seu «seguro»: seus membros tentam incentivar uma comunidade em que seja responsabilidade e obrigação de todos fazer com que alguém que sofreu uma perda volte a estar «completo».[10] Como escreve o economista Stephen Marglin em seu perspicaz livro *The Dismal Science: How Thinking Like an Economist Undermines Community*, «os amish, talvez um povo único no século XX na atenção dada à formação de uma comunidade, proíbem que se faça seguro precisamente porque eles compreendem

---

10 Essa prática ecoa o apelo feito por John Winthrop em seu muito citado porém pouco lido sermão «Um modelo para a caridade cristã», para o tipo de comunidade que devia ser formada pelos migrantes puritanos que seriam entretecidos pelos vínculos da caridade cristã: «O único modo de evitar esse naufrágio e de prover para nossa posteridade é seguir o conselho de Miqueias, agir com justiça, amar a misericórdia, andar humildemente com nosso Deus. Para isso, devemos ser entretecidos, neste trabalho, como um só homem. Devemos ter afeto fraterno uns pelos outros. Devemos estar dispostos a abrir mão daquilo que é supérfluo para suprir as necessidades alheias. Devemos manter um comércio familiar com toda a mansidão, gentileza, paciência e liberalidade. Devemos nos deleitar uns com os outros; tornar as condições alheias as nossas próprias condições; alegrar-nos juntos, chorar juntos, trabalhar e sofrer juntos, tendo sempre diante de nossos olhos nossa missão e nossa comunidade no trabalho, como membros do mesmo corpo». John Winthrop, «A Model of Christian Charity», in: *The American Puritans: Their Prose and Poetry,* Ed. Perry Miller. Nova York: Columbia University Press, 1982, p. 83.

que a relação mercadológica entre um indivíduo e a empresa seguradora mina a dependência mútua entre os indivíduos. Para os amish, a construção de celeiros não é um exercício de nostalgia, é o cimento que mantém a comunidade unida».[11]

Ressalto essa profunda diferença de abordagem quanto à questão e ao uso da tecnologia entre os amish da Velha Ordem e os liberais contemporâneos não a fim de apelar aos cidadãos da modernidade liberal para que adotem em sua integralidade as práticas e as crenças dos amish, mas sim a fim de defender um ponto específico. Nós nos vemos como livres, ao passo que, do ponto de vista da modernidade liberal, os adeptos da cultura amish são em grande medida percebidos como sujeitos a regras e costumes opressivos. No entanto devemos ressaltar que, embora tenhamos a possibilidade de fazer escolhas quanto ao tipo de tecnologia que usaremos – se um sedã ou um jeep, um iPhone ou um Galaxy, um Mac ou um PC –, em grande medida nós nos vemos como sujeitos à lógica do desenvolvimento tecnológico e em última instância não estamos em posição de evitar nenhuma tecnologia em particular. Por outro lado, os amish – que parecem restringir tantas escolhas – escolhem se irão usar e adotar tecnologias com base nos critérios em que baseiam sua comunidade. Quem é livre?

Em nossa reconstrução do mundo – por meio de tecnologias evidentes como a internet, e menos evidentes mas não menos influentes como o seguro –, aderimos a tecnologias que nos tornam o que imaginamos ser. E, numa profunda ironia, é precisamente nessa busca pela obtenção de liberdade individual cada vez mais perfeita que vemos uma suspeita crescente de que podemos fundamentalmente não ter escolhas quanto à adoção de nossas tecnologias.

....

11 Stephen Marglin, *The Dismal Science: How Thinking Like an Economist Undermines Community*. Cambridge: Harvard University Press, 2008, p. 18.

Para assegurar nossa forma moderna de liberdade por meio da grande tecnologia moderna da ordem política liberal e do sistema econômico capitalista que ela mantém, precisamos incessantemente aumentar nosso poder e expandir o império da liberdade. As concentrações de poder político e econômico são necessárias para a liberdade individual sempre crescente. Em contradição com nosso discurso político contemporâneo, que sugere que existe algum conflito entre o indivíduo e o poder centralizado, precisamos compreender que a liberdade individual em constante expansão é na verdade a criação de um conjunto de tecnologias intrincado e em expansão que, embora liberte o indivíduo das limitações impostas pela natureza e pela obrigação, faz com que nós nos sintamos cada vez mais impotentes, sem voz, sozinhos – e sem liberdade.

Isso é percebido de maneira aguda, e de modo altamente irônico, na crença cada vez maior de que já não temos controle sobre os objetos de nosso mundo tecnológico ou sobre sua trajetória. Já em 1978, Daniel Boorstin escreveu em *A república da tecnologia* que «a tecnologia cria seu próprio ímpeto e é irreversível», e que «nós vivemos, e viveremos, em um mundo de compromissos cada vez mais involuntários».[12] O que ele pretendia dizer com isso é que já não seremos capazes de escolher nossas tecnologias, sendo inescapavelmente arrastados para aquelas que nos tornam cada vez mais as criaturas imaginadas por Hobbes e por Locke no estado de natureza: autônomos, livres e no entanto sujeitos às próprias tecnologias que nos permitem ter a sensação de independência. Em vez de serem escolhidas, nossas tecnologias surgirão de uma dinâmica sobre a qual perdemos o controle, e ampliarão um sistema sobre o qual não temos o menor domínio. Se nossa programação televisiva está cada vez mais

---

12 Boorstin, *The Republic of Technology*, p. 9.

repleta de dramas sobre um apocalipse tecnológico, muitos deles postulam a existência de um poder distante sombrio e desconhecido que parece nos controlar até mesmo quando pensamos ser autônomos. Pense em *Matrix*, esse filme quase platônico que coloca em imagens a suspeita de que somos prisioneiros em uma caverna cujas imagens são controladas por manipuladores de marionetes, mas que nós cremos ser a própria realidade.

Talvez a mais profunda ironia seja que nossa capacidade de autogoverno tenha sido reduzida praticamente a ponto de deixar de existir. Em nossas atuais lamentações sobre uma variedade de crises – a crise cívica em que parecemos ter perdido a capacidade de falar a linguagem do bem comum; nossa crise financeira, em que tanto a dívida pública quanto a privada, acumuladas em nome da satisfação imediata, são impostas às gerações futuras na vaga esperança de que elas sejam capazes de lidar com isso; nossa crise ambiental, em que a maior parte das respostas para os nossos problemas está colocada em termos de reparos tecnológicos, mas que em última instância exige que nós controlemos nossos apetites ilimitados; e a crise moral de uma sociedade em que compromissos pessoais como a família são facilmente desfeitos e substituídos por terapia e programas sociais – nós não conseguimos ver as profundas semelhanças que surgem justamente do êxito de nosso projeto liberal moderno. Certamente temos razão em nos congratularmos pelos sucessos de nossa tecnologia, mas certamente também temos razão para nos preocuparmos com os custos de nossa sociedade tecnológica. Nossa «cultura da tecnologia» teve como premissa, desde seu princípio, uma falsa definição de liberdade, e hoje ela parece estar nos levando de maneira inelutável a uma condição de servidão às consequências de nossa própria fantasia.

Capítulo 5

O Liberalismo contra as Artes Liberais

Antes do advento do liberalismo, a cultura era a tecnologia humana mais difundida e o *locus* fundamental da educação. Era a força abrangente que moldava a pessoa, que tomava parte nos mais profundos compromissos de uma civilização e que por sua vez os passaria adiante. Como a própria palavra insinua, uma cultura cultiva; ela é o solo em que a pessoa humana cresce e – sendo uma boa cultura – floresce.

Porém, se o liberalismo em última instância substitui todas as formas de cultura por uma anticultura difusa, então ele deve minar também a educação. Em particular, deve minar a educação liberal, a educação que era tida como o principal caminho para educar pessoas livres por meio do profundo contato com os frutos de uma longa herança cultural, particularmente os grandes textos da antiguidade e da longa tradição cristã. À medida que um liberalismo levado a cabo mina a cultura e o cultivo para a liberdade como forma de autogoverno, uma educação para a formação de um povo livre é substituída por uma educação que torna o indivíduo liberal servo das finalidades do apetite descontrolado, da impaciência e do domínio técnico sobre o mundo natural. A educação liberal é substituída por uma educação servil.

O liberalismo mina a educação liberal num primeiro nível ao separar a atividade educacional em si da cultura, tornando-a um motor da anticultura. A educação deve ser isolada da força modeladora da cultura como exercício de uma vida dentro da natureza e da tradição, sendo pelo contrário despojada de qualquer especificidade cultural em nome de um multiculturalismo sem cultura, de um ambientalismo esvaziado de um contato formativo com a natureza, e de uma «diversidade» monolítica e homogênea. Sua reivindicação de aprofundar o multiculturalismo serve apenas para que não se perceba seu ímpeto difuso anticultural e homogeneizador.

O liberalismo também mina a educação ao substituir uma definição de liberdade como educação para o autogoverno por uma liberdade como autonomia e ausência de limites. Em última instância, ele destrói a educação liberal, já que começa com a premissa de que nascemos livres, e não de que devemos aprender a nos tornarmos livres. Sob o liberalismo, as artes liberais são instrumentos de liberação pessoal, uma finalidade constantemente perseguida nas ciências humanas, nas disciplinas científicas e matemáticas (STEM, na sigla em inglês) e na economia e na administração. Nas ciências humanas, os movimentos libertadores baseados em reivindicações de identidade veem o passado como um repositório de opressão, e assim retiram a legitimidade das ciências humanas como fonte de educação. Ao mesmo tempo, as disciplinas que promovem a experiência prática e efetiva da autonomia – as ciências exatas, a economia e a administração – passam a ser vistas como os únicos temas cujo estudo é justificado. A compreensão clássica de que as artes liberais têm como objetivo educar o ser humano livre é substituída por uma ênfase nas artes do indivíduo privado. Uma educação adequada para uma *res publica* é substituída por uma educação apropriada para uma *res idiotica* – no grego, uma pessoa «privada» e isolada. A suposta diferença entre esquerda e direita desaparece à medida que ambas concordam que a única finalidade legítima da educação é a promoção do poder por meio do desmantelamento das artes liberais.

O Ataque do Liberalismo às Artes Liberais

O termo «artes liberais» contém a mesma raiz que a palavra «liberdade». As artes liberais têm sua origem em um mundo pré-moderno, e portanto estão enraizadas em uma compreensão pré-moderna da liberdade. Nós que somos os herdeiros da tradição liberal estamos condicionados a acreditar em uma definição de liberdade que a torna equivalente à ausência de limites externos. As teorias do contrato social de pensadores como Hobbes e Locke, que definiram a condição natural dos seres humanos como uma liberdade pré-política, nos diz que inicialmente somos livres e que nos submetemos ao mecanismo externo e artificial da lei apenas para termos certo grau de segurança e paz social. Na compreensão de Locke, nós nos submetemos à lei para «assegurar» nossa liberdade e para «dispor de [nossos] pertences ou pessoas como acharmos adequado».

As artes liberais precedem essa visão da liberdade. Em vez disso, elas refletem uma compreensão pré-moderna – encontrada nos ensinamentos de autores como Platão, Aristóteles e Cícero e nas tradições bíblica e cristã, articulada não apenas na Bíblia como também nas obras de Agostinho, Tomás de Aquino, Dante e Milton. Não é coincidência que no coração da tradição das artes liberais estivesse uma ênfase nos textos clássicos e cristãos desses autores. Apesar de suas muitas diferenças, todos eles concordam que a liberdade não é nossa condição natural ao nascer, mas sim algo que atingimos por meio do hábito, do treinamento e da educação – particularmente da disciplina do autodomínio. Ela é resultado de um longo processo de aprendizagem. A liberdade é a capacidade aprendida de se governar usando as mais altas faculdades da razão e do espírito por meio do cultivo da virtude. A condição em que o sujeito faz aquilo que deseja é definida nessa visão pré-moderna como uma espécie de escravidão, em que somos movidos por nossos apetites mais baixos para agir contra a nossa melhor natureza. Era objetivo central das artes liberais cultivar a pessoa livre e o cidadão livre, de acordo com essa compreensão de liberdade. As artes liberais nos *tornavam* livres.

Por muitos anos, essa concepção do conhecimento esteve no coração da educação liberal. Ela extraía sua autoridade das tradições religiosas e das práticas culturais que cada geração buscava passar para a geração seguinte. Na maioria dos campi hoje isso é visto como um palimpsesto, um pergaminho medieval cujo antigo texto foi apagado para que em seu lugar se escrevesse outro, mas em que um olho treinado ainda consegue ler os antigos ensinamentos. Nos prédios góticos, nos nomes «professor» e «reitor», nos trajes cerimoniais usados uma ou duas vezes por ano – essas e algumas outras presenças são fragmentos de uma tradição mais antiga, que em outros tempos foi o espírito dessas instituições, e que hoje está basicamente morto na maior parte dos campi.

Essa tradição mais antiga – indício desse palimpsesto – talvez seja vista de maneira mais vívida nos lemas e nos selos simbólicos que as instituições educacionais adotavam como metas para si mesmas e para seus alunos. Um lema representativo é o da Universidade de Ohio, em Athens, fundada como Universidade Americana em 1804, uma das primeiras universidades no então instável território do oeste americano. Seu lema original ainda é encontrado no selo da universidade: *Religio, Doctrina, Civilitas, prae omnibus Virtus*: Religião, Doutrina, Civilidade, acima de tudo Virtude. No portão de uma das principais entradas para o campus lê-se inscrita uma frase literal da Lei Noroeste de 1787: «Sendo a religião, a moralidade e o conhecimento necessários para o bom governo e a felicidade da humanidade, as escolas e os meios de educação devem ser incentivados para sempre». Esses sentimentos guiavam a fundação das universidades públicas do país, que, além de contribuir para a promoção da ciência e do conhecimento prático, ficavam acima de tudo encarregadas do fomento da virtude e da moralidade.

Outra universidade pública, a Universidade do Texas, em Austin, exaltava em seu selo o lema *Disciplina Praesidium Civitate*, que pode ser traduzido como «Uma mente cultivada é o espírito guardião da democracia». Essas palavras são extraídas de uma declaração do segundo presidente do Texas, Mirabeau Lamar: «Uma mente cultivada é o espírito guardião da democracia e, quando guiada e controlada pela virtude, o mais nobre atributo do homem. Ela é o único ditador que os homens livres reconhecem e a única segurança que os homens livres desejam». Essa versão ampliada da declaração, com destaque para a relação entre virtude, autoridade e liberdade, e com a conotação da palavra latina *disciplina* não apenas como «cultivo» mas como autocontrole, aponta para a concepção de liberdade como a conquista a duras penas de um autodomínio por meio da disciplina da virtude. A imagem no selo inclui um livro aberto no campo superior do escudo, mostrando os meios pelos quais essa disciplina da liberdade deve ser conquistada: por meio da educação na sabedoria, pelas lições e pelas advertências do passado. O objetivo de tal educação não é o «pensamento crítico», e sim a conquista da liberdade guiada pela disciplina da virtude.

Como atestam esses lemas, a tradição mais antiga buscava fomentar uma ética da contenção. Ela reconhecia que a humanidade era singular entre as criaturas em sua capacidade de escolher entre numerosas opções, e do mesmo modo em sua necessidade de orientação nessa condição de liberdade. Essa liberdade, segundo a compreensão dos antigos, estava sujeita a mau uso e a excessos: as mais antigas histórias de nossa tradição, incluindo a história da queda da humanidade do Éden, relatavam a tendência humana a usar mal a liberdade. O objetivo de nos conhecermos era compreender como usar bem nossa liberdade, especialmente aprender a dominar apetites que pareciam inerentemente insaciáveis. No coração das artes liberais nessa tradição mais antiga estava uma educação para o que significava ser humano, acima de tudo para saber como conquistar a liberdade, não apenas em relação a restrições externas mas em relação à tirania interna dos apetites e do desejo. A «mais antiga ciência» buscava incentivar a árdua e difícil tarefa de negociar o que era permitido e o que era proibido, o que constituía o mais elevado e melhor uso de nossa liberdade e quais ações eram erradas. Cada nova geração era incentivada a consultar as grandes obras de nossa tradição, os épicos, as grandes tragédias e comédias, as reflexões de filósofos e teólogos, a palavra revelada de Deus, os inúmeros livros que buscavam nos ensinar a usar bem nossa liberdade. Ser livre – *liberal* – era uma *arte*, algo aprendido não naturalmente nem por instinto, mas por meio de refinamento e educação. E a alma das artes liberais eram as ciências humanas, a educação que ensinava a ser um humano livre.

O colapso das artes liberais neste país segue de perto a redefinição de liberdade, que se afasta dessa compreensão antiga e cristã de autogoverno e autodomínio disciplinado, em favor de uma compreensão de liberdade como a ausência de limites para os desejos do indivíduo. Se o propósito das artes liberais era ir em busca da instrução para o autogoverno, então seus ensinamentos já não estão alinhados com as finalidades contemporâneas da educação. Exigências que vinham de muito tempo, como o aprendizado de línguas antigas para ler os textos clássicos, ou uma familiaridade íntima com a Bíblia e com a interpretação das escrituras, foram substituídas por um mercado de estudos movido pelo gosto e pelas preferências individuais. Acima de tudo, as artes liberais são cada vez mais substituídas pelas disciplinas «STEM», que combinam um vestígio das antigas artes liberais – ciência e matemática – com suas formas aplicadas, tecnologia e engenharia, além de demandas crescentes para uma preparação para carreiras nos negócios e nas finanças.

A universidade americana mudou lentamente, passando do ensino dessa ciência mais antiga para o ensino da nova. No século XIX, um número crescente de universidades ou começou a emular o exemplo das universidades alemãs, ou foi criada já nesse modelo, dividindo-se em disciplinas isoladas e dando nova ênfase à educação de estudantes de pós-graduação – um treinamento no conhecimento especializado – e dando uma nova prioridade à descoberta de novos conhecimentos. Lentamente as bases religiosas da universidade foram descartadas e eliminadas; embora as ciências humanas continuassem sendo o coração da educação nas artes liberais, elas já não eram guiadas por uma visão abrangente proporcionada pelas tradições religiosas cuja visão e cujo credo tinham fornecido o princípio organizador dos esforços da universidade. Em meados do século XX, uma ênfase renovada no treinamento científico e na inovação tecnológica – estimulada especialmente pelo investimento governamental nas «artes e ciências úteis» – deu ainda outra orientação a muitas prioridades do sistema universitário.

A educação liberal passou a ser vista como irrelevante para a busca da liberdade moderna, especialmente quando compreendida como a liberdade assegurada pelo poder militar, pela ciência e pela tecnologia e pela expansão dos mercados capitalistas para todos os cantos do planeta. A ideia da universidade estava deixando de existir, afirmou o reitor da Universidade da Califórnia, Clark Kerr, em suas Goldkin Lectures de 1963, publicadas posteriormente como *Os usos da universidade*. No lugar de uma forma de educação guiada por uma visão teleológica ou religiosa do que constituía uma educação do melhor ser humano, ele anunciou a inevitável ascensão da multiversidade, uma organização gigantesca que seria movida acima de tudo pelas separações radicais dos esforços dos vários membros da universidade voltados para fornecer conhecimento útil às forças armadas e às demandas industriais do país. Ele declarou que «a multiversidade era um fator central para o aprofundamento da industrialização do país, para aumentos espetaculares na produtividade e na riqueza que se seguiria, para a ampliação substancial da vida humana e para a supremacia militar e científica mundial».[1] O objetivo da nova «multiversidade» era promover o projeto baconiano do domínio humano sobre o mundo.

Em seguida a essa redefinição dos objetivos da universidade, os incentivos e as motivações do corpo docente foram cada vez mais alinhados com o imperativo da nova ciência de criar conhecimento: o treinamento dos professores passaria a enfatizar a criação de trabalho original, e uma posição permanente seria obtida por meio da publicação de um conjunto de trabalhos desse tipo e pela aprovação de experts distantes pertencentes ao campo do docente que atestariam a originalidade e a produtividade do trabalho. Nascia um mercado de contratação de recrutamento de professores universitários. O corpo docente deixava de ter um compromisso com instituições específicas, com suas missões, e até mesmo com seus alunos, e em vez disso passava cada vez mais a ser visto como um grupo de membros de uma profissão. A formação moral deixou de ser um critério relevante na seleção; esse tipo de preocupação não só era irrelevante para o sucesso profissional como se opunha às noções modernas de liberdade.

....

1   Clark Kerr, *The Uses of the University*, 5ª ed. Cambridge: Harvard University Press, 2001, p. 199.

A estrutura da universidade foi reorientada para ressaltar a inovação e a criação de «novos conhecimentos». O imperativo que passou a orientar a educação foi o progresso, não uma educação na liberdade derivada de um contato profundo com o passado. É interessante fazer uma comparação entre os compromissos do selo desenhado na época da fundação da Universidade do Texas e a declaração de missão escrita mais recentemente e encontrada no principal portal de internet da universidade.[2] Enunciado abaixo de uma imagem do antigo selo – depois de um obrigatório palavreado sobre uma dedicação à educação de «excelência» – lê-se uma declaração sobre o propósito contemporâneo. A atual missão da universidade é «a promoção da sociedade por meio de pesquisa, atividade criativa, investigações acadêmicas e o desenvolvimento de novos conhecimentos». O destaque nessa missão atualizada está na pesquisa e na missão científica da universidade, principalmente no objetivo de criar «novos conhecimentos», não na «mente cultivada guiada pela virtude». É inútil procurar uma rearticulação moderna dos sentimentos expressos pelo antigo lema; em vez de se falar em incutir a virtude, destaca-se apenas a pesquisa a serviço do progresso – particularmente do progresso que contribui para a ambição secular de sujeitar a natureza à vontade humana. Essa mudança de ênfase é encontrada na missão atualizada de praticamente todas as universidades americanas.

Como efeito prático, a insistência dos alunos em deixarem de ser cobrados para frequentar uma educação sequencial nas artes liberais, a insistência na crença de que eles deveriam começar o quanto antes a estudar algo «prático», se alinha perfeitamente com o interesse do corpo docente em se concentrar na «criação de novos conhecimentos» e

---

2 Disponível em: <https://www.utexas.edu/about/mission-and-values>.

no foco concomitante na pesquisa e nos alunos de pós-graduação. Tanto os alunos quanto os professores abandonam o foco nas artes liberais, essencialmente motivados pelo mesmo imperativo: servir à concepção de liberdade que está no cerne da ordem liberal. Em meio a sua liberdade, os alunos cada vez mais sentem que não têm opção senão tentar frequentar os cursos mais práticos, evitando temas a que poderiam ser levados por sua curiosidade natural, em nome da obediência às demandas do mercado. Não é de surpreender que o número de graduações em ciências humanas continue a diminuir e que um número progressivo de faculdades esteja eliminando disciplinas que deixaram de ser atrativas no mercado universitário.

Aqueles que estão em melhor posição para defender o papel das humanidades como cerne das artes liberais – os membros do corpo docente – por um lado lamentam esse colapso, mas por outro colocam a culpa nos administradores e no «neoliberalismo». Eles não percebem que o tratamento dado às ciências humanas num sentido profundo é reflexo mais da ordem liberal do que uma postura de resistência. O corpo docente das artes liberais fracassou em questionar as tendências liberais dominantes, quem dirá em resistir a elas, em função de uma incapacidade generalizada de diagnosticar corretamente a fonte das forças organizadas contra as artes liberais.

La Trahison des Humanistes

Professores de humanas e de ciências sociais mais humanistas – predominantemente progressistas – buscaram, pelo contrário, adaptar as artes liberais às subcorrentes liberais dominantes, principalmente ao se voltarem contra aquilo que é exatamente seu objeto de estudo, os Grandes Livros, e fazendo um apelo por uma postura de questionamento progressivo ao objeto de seu estudo. Os professores conservadores em grande medida se opuseram à esquerda do campus exigindo que houvesse uma devoção ao estudo dos Grandes Livros sem reconhecer que muitos desses livros eram a fonte das próprias forças que estavam eliminando o estudo dos antigos livros. Os dois lados permitiram que a transformação liberal da academia acontecesse sem oposição.

A resposta da esquerda foi uma aquiescência acrítica. Em resposta a essas mudanças tectônicas, aqueles que trabalhavam com as ciências humanas passaram a questionar seu lugar dentro da universidade. Esses profissionais continuavam estudando os grandes textos, mas o motivo para fazer isso era cada vez mais objeto de dúvida.[3] Continuava fazendo algum sentido ensinar aos jovens as lições desafiadoras de como usar bem sua liberdade, quando o mundo científico em breve tornaria essas lições desnecessárias? Será que uma abordagem baseada na cultura e na tradição continuava relevante numa era que valorizava, acima de tudo, a inovação e o progresso? Como as ciências humanas poderiam provar seu valor aos olhos dos administradores e do mundo em geral?

Essas dúvidas dentro das ciências humanas eram um canteiro fértil para tendências autodestrutivas. Inspirados por teorias heideggerianas que davam primazia à liberação do desejo, primeiro o pós-estruturalismo e depois o pós-modernismo criaram raízes. Essas e outras abordagens, embora aparentemente hostis às afirmações racionalistas das ciências, foram adotadas em função da necessidade de se adaptar às demandas acadêmicas, estabelecidas pelas ciências naturais, por conhecimento

---

3   Em sua clássica afirmação sobre as duas culturas, C. P. Snow consegue justificar com facilidade por que os humanistas deveriam estudar as ciências, mas tem dificuldades para articular os motivos para que os cientistas devam estudar as ciências humanas. C. P. Snow, *The Two Cultures*. Cambridge: Cambridge University Press, 1965.

«progressista». O corpo docente podia demonstrar suas tendências progressistas ao provar como os textos eram retrógrados; eles podiam «criar conhecimento» demonstrando sua superioridade aos autores que eles estudavam; podiam exibir seu antitradicionalismo ao atacar exatamente os livros que eram a base de sua disciplina. Filosofias que pregavam «a hermenêutica da suspeita», que tinham como objetivo expor o modo como os textos eram profundamente moldados por preconceitos que promoviam a desigualdade, e que chegavam a questionar a ideia de que os textos continham um «ensinamento» conforme o autor pretendia, ofereceram às ciências humanas a possibilidade de se provarem relevantes nos termos estabelecidos pela abordagem científica moderna.[4] Ao adotar um jargão compreensível apenas por «experts», eles podiam emular o sacerdócio científico, mesmo que ao fazer isso estivessem traindo a tarefa original das ciências humanas, de guiar os alunos para que eles conheçam sua herança cultural. Os professores de humanas mostraram seu valor destruindo aquilo que estudavam.[5]

Em um esforço para acompanhar o ritmo de seus colegas das exatas, as ciências humanas se tornaram as disciplinas mais visivelmente libertadoras de todas, chegando mesmo a desafiar (embora de modo ineficaz) a legitimidade do empreendimento científico. As condições naturais – como aquelas inescapavelmente ligadas aos fatos biológicos da sexualidade humana – passaram a ser vistas como

---

4 Ver o contraste feito por Ruthellen Josselson entre «a hermenêutica da fé e a hermenêutica da suspeita», em «The Hermeneutics of Faith and the Hermeneutics of Suspicion», *Narrative Inquiry*, 14, n. 1, 2004, pp. 1–28.

5 Para uma discussão mais completa, ver Anthony Kronman, *Education's End: Why Our Colleges and Universities Have Given Up on the Meaning of Life*. New Haven: Yale University Press, 2006, especialmente capítulos 3 e 4.

«socialmente construídas». A natureza já não era um padrão em nenhum sentido, uma vez que passou a ser manipulável. Por que aceitar qualquer um dos fatos da biologia quando esses «fatos» poderiam ser alterados, quando a sua identidade é uma questão de escolha? Se os humanos tivessem algum tipo de «natureza», então o único traço permanente que parecia aceitável era a centralidade do desejo – a afirmação crua de poder sobre restrições e limites, e as infinitas possibilidades de autocriação.

Ironicamente, embora o pós-modernismo tenha se colocado como o grande oponente do cientificismo racionalista, ele compartilha do mesmo impulso básico: ambos ascenderam à posição de domínio nas universidades em conformidade com a definição moderna de liberdade. Nas ciências humanas, essa crença hoje assume a forma da teoria emancipatória radical focada na destruição de todas as formas de hierarquia, tradição e autoridade, libertando o indivíduo por meio de ferramentas de pesquisa e progresso. Um foco especial da academia moderna é a autonomia sexual, uma busca que revela como é grande o seu alinhamento com um projeto científico voltado ao domínio de todos os aspectos da natureza, incluindo a reprodução humana.[6] As ciências humanas e sociais também se concentram na política identitária e na compensação de injustiças passadas cometidas contra grupos específicos, sob as bandeiras do «multiculturalismo» e da «diversidade» que ironicamente contribuem para uma monocultura nos campi. Os grupos vistos como dignos de um grande esforço para reparar males são identificados por traços ligados ao corpo – raça, gênero, identidade sexual –,

---

6 Um *locus classicus* que associa o feminismo radical à crença otimista na capacidade da tecnologia de alterar a natureza humana permanece sendo o livro de Shulamith Firestone, *The Dialectic of Sex: The Case for Feminist Revolution*. Nova York: Bantam, 1971.

ao passo que «comunidades de trabalho e cultura», incluindo grupos étnicos coesos e classes sociais, recebem pouca atenção. Assim, enquanto grupos de estudantes que têm como base a identidade racial ou sexual exigem justiça para que possam se integrar completamente à sociedade liberal moderna, grupos étnicos coesos que resistem ao individualismo expressivo liberal como os curdos ou os hmongs, minorias religiosas perseguidas como os coptas, grupos não urbanos e que não pertencem à elite como os líderes do 4-H e os pobres das regiões rurais não devem esperar grande atenção dos campi liberais de hoje.[7]

---

[7] Steven Levy, «GU NAACP President Discusses Diversity Issues», *Hoya,* 19 out. 2010. «Minha impressão é a de que o dinheiro e a falta dele, assim como a falta de oportunidade para participar de nossa sociedade e nossa economia consumista e capitalista, são coisas difíceis. Para muitas minorias, existe a percepção de que eles não estão no mesmo campo de jogo que o restante da nação.» Disponível em: <http://www.thehoya.com/gu-naacp-president-discusses-diversity-issues/#>. Um estudo revelou que estudantes com posições de liderança em áreas que não se conformam às expectativas da «sociedade capitalista» têm desvantagem significativa para entrar em faculdades de elite. Russell Nieli resume o estudo: «Descobriu-se que a participação em atividades 'republicanas', como o programa de treinamentos de reservas das forças armadas, clubes 4-H ou de instituições como a Futuros Fazendeiros da América, reduzia de maneira bastante significativa as chances de um aluno de ser admitido nas competitivas faculdades particulares, segundo dados da Comissão Nacional para Educação Especial e levando em conta todos os demais fatores. A maior desvantagem foi daqueles que tinham posições de liderança nessas atividades ou daqueles que tinham recebido honrarias e prêmios. Ser membro 'de atividades voltadas para a carreira, como o programa de treinamento de reservas das forças armadas, o 4-H ou a Futuros Fazendeiros da América' ou ter recebido honrarias e prêmios dessas instituições, dizem Espenshade e Radford, 'tem uma associação fortemente negativa com os resultados de admissão em instituições altamente seletivas'. Ter bom desempenho nessas atividades 'está associado a índices de admissão entre 65% e

Como observou Wilson Carey McWilliams,

> É perceptível que os grupos que [os reformistas liberais] reconhecem são todos definidos pela biologia. Na teoria liberal, na qual nossa «natureza» significa nossos corpos, esses são grupos «naturais» em oposição aos vínculos «artificiais» como comunidades de trabalho e cultura. Isso não quer dizer que o liberalismo valorize esses grupos «naturais». Muito pelo contrário: como a sociedade política liberal reflete o esforço para superar ou dominar a natureza, o liberalismo afirma que diferenças «meramente naturais» não devem ser usadas contra nós. Não devemos ser prejudicados por características que nós não escolhemos e que não refletem nossos esforços e habilidades individuais. [Os reformistas] reconhecem as mulheres, as minorias raciais e os jovens apenas para poder libertar indivíduos de «classificações suspeitas».
>
> Classe e cultura são diferentes. As pessoas são parte de comunidades étnicas ou da classe operária porque escolheram não ir em busca do sucesso individual e da assimilação pelos grupos dominantes, pela cultura da classe média, ou porque não foram capazes de obter êxito. A teoria liberal valoriza indivíduos que seguem seu próprio caminho e, segundo esse mesmo padrão, estima aqueles que são mais bem-sucedidos na busca do que outros que não têm o mesmo sucesso. Etnia e classe, por consequência, são marcas de vergonha na teoria liberal, e qualquer discriminação que as pessoas sofram é, em certo sentido, «culpa delas mesmas». Podemos sentir compaixão pelos seus fracassos, mas elas não têm um motivo justo para ter

---

60% mais baixos'». Russell K. Nieli, «How Diversity Punishes Asians, Poor Whites, and Lots of Others», *Minding the Campus*, 12 jul. 2010. Disponível em: <https://www.princeton.edu/~tje/files/Pub_Minding%20the%20campus%20combined%20files.pdf>.

representação igual, ao contrário de indivíduos que sofrem discriminação «sem ter culpa».[8]

No entanto, embora a ênfase contemporânea nas ciências humanas seja coerente com a aspiração por autonomia que está por trás do empreendimento científico moderno, essa conformidade não garantiu viabilidade de longo prazo às humanas. Na ausência de motivos fortemente articulados para estudar as artes liberais, ao contrário do que acontece com o projeto moderno de autonomia e domínio, os alunos e os administradores das universidades estão votando pelo apoio a áreas que se mostram mais promissoras para o domínio da natureza. É um indicador do sucesso da visão de autonomia promovida pelos principais atores das ciências humanas de hoje o fato de suas disciplinas estarem encolhendo e até mesmo desaparecendo, enquanto as ciências exatas e os cursos da área de economia crescem. Na ausência de uma contranarrativa convincente, alunos, pais e administradores das universidades acham que o melhor caminho para atingir a concepção liberal de liberdade não está nas humanidades, e sim em outra parte.

....

[8] Wilson Carey McWilliams, «Politics», *American Quarterly*, 35, n. 1–2, 1983, p. 27. É possível encontrar uma recente confirmação dessa avaliação nesta afirmação do cientista político James Stimson: «Quando observamos o comportamento das pessoas que vivem em áreas pobres, estamos observando um grupo altamente selecionado de pessoas que se deparou com a adversidade econômica e escolheu ficar em casa e aceitar a situação enquanto outros buscaram e encontraram oportunidades em outros lugares [...] Aqueles que são rececosos, conservadores, no sentido social, e que não têm ambições, ficam e aceitam o declínio». Em outras palavras, a situação ruim da classe branca trabalhadora é culpa dos próprios trabalhadores. Citado por Thomas B. Edsall, «The Closing of the Republican Mind», *New York Times*, 13 jul. 2017, disponível em: <https://www.nytimes.com/2017/07/13/opinion/republicans-elites-trump.html>.

Hoje o número de defensores das artes liberais é excepcionalmente pequeno. Os filhos dos guerreiros culturais da esquerda dos anos 1980 não estão preocupados com um cânone mais representativo e inclusivo. Estão mais interessados em promover a causa da autonomia igualitária, hoje travada contra as normas liberais mais antigas da liberdade acadêmica e da liberdade de expressão em nome daquilo que alguns chamam de «justiça acadêmica» e maior representação no campus. Embora um dos pontos da pauta de protestos seja um apelo por maior diversidade, o atual projeto de «diversificação» na verdade cria maior homogeneidade ideológica em praticamente todos os campi. Sob o disfarce de diferenças raciais, de um número de gêneros que cresce exponencialmente e de uma variedade de orientações sexuais, a única visão de mundo substantiva promovida é a do liberalismo avançado: a ascensão do indivíduo autônomo amparada pelo poder e pelo apoio do Estado e seu controle crescente sobre as instituições, incluindo escolas e universidades.

Os filhos dos guerreiros culturais da direita também em grande medida abandonaram o interesse pelo papel dos livros formadores como contribuição central para o cultivo do autogoverno. Em vez disso, os «conservadores» de hoje têm maior probabilidade de desprezar o papel das artes liberais não apenas como sendo uma causa perdida, mas também como sendo algo que já não vale a luta.[9]

---

9 Matt Reed, reitor de uma faculdade comunitária, reconheceu sua oposição aos que pensavam como Allan Bloom nos anos 1980, mas diz que gostaria de saber onde foram parar os conservadores defensores das humanas logo após o corte agressivo de apoio financeiro às humanidades, feito por legisladores conservadores: «Só posso imaginar a resposta que Allan Bloom daria à lei da Flórida. Qualquer conservador empenhado nas guerras culturais que se faça digno do nome deveria ficar apoplético com a ideia de deixar que os legisladores ditem qual vai ser o currículo. A essa altura,

Em vez disso, refletindo prioridades do mercado moderno, eles estão mais inclinados a apelar por uma maior ênfase na área de exatas e de economia – áreas que ganharam destaque em função da vitória das ideias de muitos dos Grandes Livros que propuseram com êxito que os livros antigos já não eram dignos de serem estudados. Líderes políticos conservadores como o governador Scott Walker do Wisconsin ou o senador Marco Rubio da Flórida desdenham das artes liberais por elas não levarem a empregos bem remunerados – e encontram um inusitado apoio do presidente Obama, que criticou a história da arte com os mesmos argumentos.

AS ARTES LIBERAIS CONTRA O LIBERALISMO?

As circunstâncias contemporâneas apenas aceleraram a morte das artes liberais. Na ausência de defesas vigorosas dos motivos de sua existência nos campi de hoje, uma soma de exigências que pedem «utilidade» e «relevância», aliada à realidade de orçamentos que vão reduzindo, fará com que as ciências humanas se tornem uma parte cada vez menor da universidade. Elas persistirão de alguma forma como uma vitrine de «butique», um ornamento que indica respeito pelo alto aprendizado, porém a trajetória das humanidades continua a ser rumo a um papel menor na universidade moderna.

> os conservadores desistiram da ideia de manter uma tradição intelectual e aceitaram a redução de despesas como um bem em si. Eles decidiram que, em vez de defender Edmund Burke, é mais fácil fazer um cursinho on-line de Introdução à Economia e deixar por isso mesmo». Matt Reed, «Remember the Canon Wars?» *Inside Higher Ed*, 11 abr. 2013, disponível em <https://www.insidehighered.com/blogs/confessions-community-college-dean/remember-canon-wars>. Ver também Jonathan Marks, «Conservatives and the Higher Ed 'Bubble'», *Inside Higher Ed*, 15 nov. 2012, disponível em: <https://www.insidehighered.com/views/2012/11/15/conservative-focus-higher-ed-bubble-undermines-liberal-education-essay>.

Embora poucos professores da área de ciências humanas sejam capazes de articular razões para protestar, acredito que as humanidades à moda antiga seriam capazes de fornecer um argumento poderoso contra essa tendência. Seu alerta seria simples, relembrando suas mais antigas lições: o caminho da libertação leva à servidão. Essa libertação de todos os obstáculos acaba sendo ilusória, por dois motivos simples: o apetite humano é insaciável e o mundo é limitado. Por esses dois motivos, nós não podemos ser realmente livres no sentido moderno. Jamais podemos nos saciar, e seremos eternamente movidos por nossos desejos, em vez de conseguirmos satisfazê-los. E, em nossa busca pela satisfação de nossos desejos ilimitados, iremos muito rapidamente exaurir o planeta. Nosso destino, caso sigamos até o fim esse caminho rumo à nossa completa libertação, será o de sermos governados como nunca antes pela necessidade. Seremos governados não por nossa capacidade de autodomínio, e sim pelas circunstâncias, particularmente as circunstâncias resultantes da escassez, da devastação e do caos.

Nosso compromisso com um futuro de libertação da natureza e da necessidade é ilusório – é a filosofia de nosso tempo, baseada numa fé. A religião é frequentemente acusada de ser incapaz de extrair as conclusões corretas a partir dos indícios, mas me parece que o que temos diante dos nossos olhos é o caso mais evidente de conclusões baseadas em pura fé – a saber, a resposta dos líderes de nossa nação e das instituições de ensino superior a essa crise econômica que é usada para justificar um desmantelamento ainda maior das artes liberais em nome da viabilidade econômica. A crise em si foi precipitada pela falta de atenção às lições das artes liberais tradicionais, e por sua vez é invocada como motivo para um negligenciamento ainda maior dessas disciplinas. A crise econômica, como todos sabem, foi resultado da ideia de que é possível consumir sem limites, que um novo tipo de economia, somado à política de libertação, hoje nos permitiria viver além de nossas possibilidades. A ausência de algo era a justificativa para a sua obtenção. Nosso apetite justificava o consumo. Nosso desejo bastava para que devêssemos saciá-lo. O resultado foi não apenas uma obesidade meramente literal, mas também uma obesidade moral — uma falta de autogoverno de nossos apetites que em última instância nos forçou a uma dieta de fome.

Em nossas instituições de ensino superior, uma infinidade de painéis e conferências foi organizada para tratar da crise econômica, lamentando coisas como a ausência de supervisão, regras frouxas, o fracasso de entidades públicas e privadas em ser diligentes ao conceder crédito ou expandir produtos financeiros complexos. No entanto é inútil tentar encontrar um reitor de universidade ou líder de alguma instituição de ensino — especialmente nas universidades de elite — que reconheça que houve uma culpa profunda da parte de suas próprias instituições por nosso fracasso e pelo fracasso de nossos alunos. Afinal, foram os melhores alunos das instituições de elite do país que ocuparam postos de honra nas principais instituições financeiras e políticas responsáveis por precipitar a crise econômica. Pós-graduados de instituições de elite ocuparam postos de poder e influência na ordem econômica nacional. Líderes dessas instituições educacionais prontamente levam crédito por alunos que recebem bolsas como a Rhodes e a Fullbright. Mas o que dizer dos pós-graduados que ajudaram a fomentar um ambiente de avareza e fraudes do tipo «enriqueça rapidamente»? Temos como garantir que eles não aprenderam bem demais as lições que receberam na faculdade?

Caso haja um renascimento, ele deve vir de uma educação reconstituída nas artes liberais. Embora siga havendo uma colcha de retalhos de faculdades de artes liberais, a maior parte das instituições de artes liberais foi profundamente moldada pelos pressupostos da «nova ciência». A contratação e a promoção são cada vez mais feitas de acordo com exigências de produtividade em pesquisa. Cada vez mais a maioria esmagadora dos membros do corpo docente é treinada em instituições de pesquisa renomadas em que as prioridades da nova ciência dominam – prioridades que muitos professores internalizaram, ainda que elas não sejam muito compatíveis com o ambiente das artes liberais em que eles atuam. Como resultado, muitas dessas instituições aspiram de maneira incoerente a um status de elite imitando as universidades de pesquisa, com muitas delas chegando a ponto de mudar seus nomes de «Faculdade» para «Universidade».[10]

No entanto a reconstituição das artes liberais não está totalmente fora de alcance. Assim como nos palimpsestos, as tradições mais antigas persistem. Quando pensamos nas «artes liberais» de maneira mais concreta, com razão visualizamos uma variedade numerosa de instituições, a maioria das quais tem (ou pelo menos teve em algum momento) filiação religiosa, e situadas em vários lugares diferentes. A maior parte foi formada tendo algum relacionamento com a comunidade local – seja com suas tradições religiosas, seja dando atenção ao tipo de carreira que teria perspectivas boas na economia local, seja por uma conexão íntima com os «mais antigos» da localidade, ou por uma forte identificação com o lugar e pela probabilidade de atrair um corpo estudantil de lugares próximos. A maioria buscava uma educação liberal *não* para libertar plenamente seus alunos do lugar de origem e de seus «ancestrais», e sim para educá-los profundamente na tradição de onde eles vieram, aprofundando o conhecimento que eles tinham das fontes de suas

---

10 A história das mudanças de nomes institucionais é instrutiva: <https://en.wikipedia.org/wiki/List_of_university_and_college_name_changes_in_the_United_States>.

crenças, confirmando – e não confrontando – sua fé, e procurando devolvê-los às comunidades de onde foram retirados, onde se esperava que contribuíssem para o futuro bem-estar e a continuidade dessas comunidades.

Acima de tudo, a educação liberal era menos voltada para «libertar» os alunos dos limites impostos por sua origem e mais para reforçar um treinamento básico profundamente engastado em suas próprias tradições culturais, ou seja, uma educação para os limites. Muitas vezes essa concepção de limites – concebida quase sempre como baseada na moralidade ou na virtude – foi extraída das tradições religiosas da instituição em específico. A maior parte das instituições de artes liberais clássicas foi fundada dentro de uma tradição religiosa que exigia não apenas o conhecimento dos grandes textos da tradição – inclusive e especialmente a Bíblia –, mas também um comportamento correspondente que constituía uma espécie de «habituação» às virtudes aprendidas em sala de aula. Comparecimento obrigatório à capela ou à missa, regras para o dormitório, atividades extracurriculares supervisionadas por adultos e a exigência de cursos sobre filosofia moral (frequentemente lecionados pelo reitor da faculdade) buscavam integrar os estudos humanistas e religiosos da sala de aula com a vida cotidiana dos alunos.

Baseada na compreensão clássica ou cristã de liberdade, essa forma de educação era adotada com o objetivo de ressaltar nossa dependência – não nossa autonomia – e nossa necessidade de autodomínio. Como o ensaísta e fazendeiro Wendell Berry escreveu, a consciência dos limites fundamentais para a ação e o comportamento humano

> não é a condenação que pode parecer. Pelo contrário, ela nos devolve à nossa real condição e à nossa herança humana, da qual nossa autodefinição como animais sem limites há muito se afastou. Toda

tradição cultural e religiosa que eu conheço, embora reconheça plenamente nossa natureza animal, nos define especificamente como *humanos* – isto é, como animais (se é que essa palavra ainda se aplica) capazes de viver dentro de limites naturais mas também dentro de limites culturais, autoimpostos. Como criaturas terrenas, vivemos, porque precisamos, dentro de limites naturais, que podemos descrever por nomes como «terra» ou «ecossistema» ou «bacia hidrográfica» ou «lugar». Mas como humanos podemos escolher responder a essa localização necessária vivendo segundo os limites autoimpostos derivados da boa vizinhança, da governança, da parcimônia, da temperança, da generosidade, da atenção, da bondade, da lealdade e do amor.

Uma educação baseada em um conjunto de condições culturais se deixa conduzir pela natureza e caminha lado a lado com ela, por meio de práticas como a agricultura, o artesanato, a devoção religiosa, as histórias, a memória e a tradição. Ao contrário do modelo da nova ciência, ela não tenta dominar a natureza, nem fazer com que ela capitule. Uma responsabilidade fundamental da educação, assim, é a transmissão da cultura – não sua rejeição nem sua transcendência. Uma visão adequada para a transmissão da cultura busca impedir a exploração premeditada e agressiva da natureza e a condescendência gnóstica em relação à cultura, assim como busca se precaver contra o tipo de filosofia desenraizada, errante e geograficamente desvinculada recomendado por uma educação que almeja o «pensamento crítico» e que é implicitamente exaltada quando incentivamos nossos alunos a definir o sucesso unicamente como a condição atingida quando a pessoa se torna um ser itinerante sem raízes geográficas, conforme exige nosso sistema econômico global.

Por fim, compreendida como uma educação para os limites e para o cuidado com o mundo e com lugares e pessoas específicas, uma educação liberal – propriamente entendida – não é meramente uma forma de libertação «dos ancestrais» ou da natureza, mas uma educação para os limites que cada uma dessas coisas nos impõe para que vivamos de maneiras que não nos levem à tentação prometeica de formas de autoengrandecimento individual ou geracional ou ao esforço abusivo para nos libertarmos dos limites e sanções da natureza. Particularmente em uma era na qual estamos ficando familiarizados demais com as consequências de viver apenas no presente e para o presente e desconectados das preocupações «ancestrais» de viver dentro de nossas possibilidades – sejam elas financeiras ou ambientais – seria providencial superarmos o extremo imediatismo da era contemporânea. Deveríamos buscar revigorar a ideia da educação liberal em que a liberdade seja compreendida como a condição em que fazemos as pazes com os limites e restrições impostos com razão pela natureza e pela cultura. Da maneira como era elogiada tanto pelas tradições antigas quanto pelas tradições religiosas, a liberdade não significa ficar livre de restrições, e sim ter a capacidade de governar nossos apetites e dessa forma atingir uma forma mais genuína de liberdade – a liberdade da servidão dos nossos apetites e a prevenção contra a exaustão dos recursos do planeta. Em resumo, precisamos resgatar a educação liberal que hoje está nas mãos do liberalismo.

Capítulo 6

A Nova Aristocracia

Embora ambos os lados de nossas atuais guerras anticulturais promovam o projeto liberal do desenraizamento estatista e de mercado e do liberacionismo, atingido por meio da expansão da autonomia individual e do projeto baconiano de conquista da natureza, os estudantes são completamente moldados para serem engrenagens desse sistema de «libertação». Cada vez mais os estudantes de hoje entram na faculdade unicamente pensando em sua aplicação «prática», o que significa dizer em sua relevância direta para suas aplicações econômicas e técnicas, completamente inconscientes da existência de um modo mais amplo de compreender a palavra «prático», que inclui a maneira como a pessoa vive como cônjuge, pai, vizinho, cidadão e ser humano.

Um sistema de duas camadas surge quando os estudantes de elite são selecionados de todos os cantos do globo para poderem se preparar para vidas errantes e desenraizadas, formando-se apenas naquilo que Wendell Berry chama de «mobilidade para cima». As universidades de elite participam do equivalente educacional da mineração de aluvião: identificam-se matérias-primas economicamente viáveis em cada cidade, vila e aldeia, extrai-se esse bem valioso que é processado num local distante, e entregam-se os produtos economicamente úteis para produtividade em algum outro lugar. Os lugares que forneceram a matéria-prima são deixados em situação muito semelhante às cidades abandonadas de onde se extraía carvão depois que a riqueza mineral foi levada embora e exportada. Esses alunos aderem à política da «identidade» e da «diversidade» para atender a seus próprios interesses econômicos, sua perpétua «potencialidade» e sua permanente falta de vínculo geográfico. As identidades e a diversidade assim asseguradas adquirem homogeneidade planetária, precondição para uma elite global intercambiável que prontamente identifica outros membros capazes de viver em um mundo sem cultura e sem vínculos geográficos, definido acima de tudo pelas normas liberais de indiferença globalizada em relação aos destinos compartilhados de genuínas vizinhanças e comunidades. Isso por sua vez induz à irresponsabilidade globalizada que se refletiu nas interações econômicas que precipitaram a crise econômica de 2008, mas que é suavizada por apelos de «justiça social», que em geral percorrerão os mecanismos impessoais do Estado. Um dos modos mais poderosos para promoção do avanço do liberalismo é o incentivo implícito ao narcisismo globalizado que convive com a crença perene na sua própria benevolência.

Aqueles que permanecem em aldeias, vilas e cidades são em geral condenados a circunstâncias econômicas difíceis, destinados a empregos estagnados e mal pagos na indústria de serviços e eliminados da camada superior de trabalho analítico-conceitual, reservada para as elites de pós-graduados. Eles têm raízes em regiões economicamente deprimidas ou sobrevivem na zona periférica de concentração de elites, onde enfrentarão preços inflacionados de imóveis que levarão ou ao superpovoamento de residências urbanas de baixa qualidade ou a uma moradia que exige muito tempo de transporte até o local de trabalho e até as áreas de entretenimento. Em geral essas pessoas têm níveis de endividamento excepcionais e crescentes, principalmente débitos estudantis e hipotecas, embora a exigência insistente para que participem de maneira mais ampla da economia como consumidores as leve a acumular outras dívidas igualmente fabulosas. Embora sempre exista a chance de que um de seus filhos possa melhorar de condição econômica

– especialmente caso frequente uma faculdade de elite –, em geral persiste uma diferenciação em grande medida estática entre as classes.

O fato de que pode haver movimentos tanto para cima quanto para baixo, entretanto, e de que a competição hoje se tornou globalizada leva todas as classes a compartilhar de uma ansiedade generalizada. Como depende em grande medida de posição, renda e localização geográfica, o status social é sempre algo comparativo e incerto. Embora a promoção do liberalismo assegure que os indivíduos sejam mais livres do que nunca de casualidades ligadas a nascimento, raça, gênero e localização, os estudantes de hoje são quase universalmente escravos de um jogo econômico de soma zero. As acusações de carreirismo e o foco na construção de um currículo não são resultado de um fracasso da educação contemporânea, são reflexo das mais profundas lições que os estudantes absorveram desde muito cedo: de que a sociedade atual produz vencedores e derrotados do ponto de vista econômico, e que as credenciais educacionais do indivíduo são praticamente o único fator determinante de seu futuro status. Os estudantes de hoje, escravos daquilo que os antigos teriam chamado de «educação servil», em geral evitam uma educação liberal, tendo sido desencorajados de seguir esse caminho por seus pais e pela sociedade em geral. O liberalismo implica a morte de uma educação que em outros tempos foi vista como adequada para um povo livre.

Uma das principais lições aprendidas nas faculdades de elite é o conjunto de habilidades cooperativas necessárias para garantir vantagem competitiva sobre aqueles que não estão na elite, embora reconhecendo que mesmo esses relacionamentos de cooperação estão condicionados por um sistema competitivo. Amizades e até relacionamentos românticos são como alianças internacionais – vistas como algo que deve trazer vantagens pessoais. Em seu livro *Coming Apart*, Charles Murray relata que, embora casamentos estáveis tenham maior probabilidade de contribuir para uma vida bem-sucedida em vários aspectos, as pessoas com maior probabilidade de formar casamentos que duram a vida toda são as que pertencem à elite econômica.[1] Os que estão nas classes mais baixas apresentam níveis catastróficos de colapso familiar e social, o que torna impossível para eles e para seus filhos a ascensão a camadas sociais superiores. As elites mantêm um silêncio estudado sobre as bases familiares de seu sucesso relativo. A estabilidade conjugal é hoje uma forma de vantagem competitiva para as classes superiores, uma vantagem amplificada pela insistência de que a formação familiar é uma questão de escolha individual e até mesmo um obstáculo para a autonomia. Tendo moldado a família à imagem do estado de natureza hobbesiano, sua adoção pelos fortes é hoje mais uma ferramenta de vantagem sobre os fracos.

O sistema educacional, transformado em ferramenta do liberalismo, é também em última instância criação sistêmica de uma nova aristocracia dos fortes sobre os fracos. O desfecho do liberalismo é uma sociedade de estratificação profunda e generalizada, uma condição que os liberais lamentam, mesmo contribuindo para sua perpetuação de múltiplas maneiras – particularmente por meio de suas instituições educacionais. O sucesso do liberalismo, desse modo, cria as condições de seu fracasso: tendo afirmado ser o portador da queda do governo aristocrático dos fortes sobre os fracos, seu apogeu é uma nova aristocracia mais poderosa e até mesmo mais permanente que luta incessantemente para manter as estruturas da injustiça liberal.

---

1 Murray, *Coming Apart*.

LIBERALISMO CLÁSSICO: RAÍZES DE UMA NOVA ARISTOCRACIA

O liberalismo se justificou, e ganhou apoio popular, como oponente da antiga aristocracia, à qual se apresentava como alternativa. Ele atacou os privilégios herdados, acabou com a existência de papéis econômicos predeterminados e aboliu as posições sociais fixas, defendendo em vez disso uma abertura baseada na escolha, no talento, na oportunidade e na diligência. A ironia é a criação de uma nova aristocracia que goza de privilégios herdados, papéis econômicos predeterminados e posições sociais fixas. Os próprios arquitetos do liberalismo foram honestos quanto à sua ambição de derrubar a antiga aristocracia, e não fizeram segredo de sua esperança de criar uma nova aristocracia. A repulsa generalizada à antiga aristocracia cegou muitos que aquiesceram às ambições do liberalismo, ao mesmo tempo que tinha apelo para aqueles que acreditavam que passariam a integrar a nova aristocracia. O liberalismo começa como uma versão da Posição Original rawlsiana, oferecendo um véu da ignorância atrás do qual está a promessa de que haverá vencedores e derrotados. Em vez de estimular a adesão a uma relativa igualdade econômica e social, como Rawls supôs, esse cenário teve a adesão daqueles que apresentavam disposições liberais justamente porque eles anteciparam que seriam seus vencedores. Os que tinham tendências ao desenraizamento, à ausência de vínculos, ao materialismo, a correr riscos, a mudanças sociais disruptivas e a desigualdades asseguraram seu próprio sucesso ao mesmo tempo que apelavam para os prováveis derrotados do sistema, enfatizando a injustiça das ordens aristocráticas.

John Locke deixou claro que o novo sistema político e econômico que ele propôs em seu *Segundo tratado do governo*, o texto fundacional do liberalismo, resultaria na formação de uma nova classe dominante. Em um de seus capítulos fundamentais, «Sobre a propriedade», ele dividiu o mundo em dois novos tipos de pessoas: os «industriosos e os racionais» e «os reclamões e briguentos». No mundo da pré-história, ele escreveu, ambos os tipos de pessoas podiam existir em certa quantidade, porém uma economia de subsistência marcada sobretudo pela ausência de propriedade privada tornava impossível sua diferenciação. Em um mundo desse tipo, cada pessoa obtém somente comida suficiente e o que mais for necessário para sobreviver ao dia, e quaisquer diferenças de talento, habilidade e capacidades que podiam se desenvolver passavam despercebidas. Locke usa os indígenas americanos como exemplo de tal «pré-história»: sociedades de subsistência em que nem «a industriosidade nem a racionalidade» nem «as reclamações e as brigas» têm como se tornar salientes. Em um mundo como esse, um potencial Bill Gates ou Steve Jobs está tão ocupado caçando ou pescando para conseguir a refeição de cada dia que seu potencial passa completamente despercebido.

No entanto, se for realmente verdade que o mundo ainda não tinha distinguido esses dois tipos de personalidade, Locke não teria como descrevê-los. O mundo de que ele está falando não é, na verdade, um mundo em que esses tipos de personalidade não se tornaram manifestos; na realidade, ele descreve um mundo governado pelas pessoas erradas – ou seja, pelos «reclamões e briguentos». Ele escreve que uma casta de governantes preguiçosos e complacentes, cuja posição é herdada e que governa sem competição ou desafio, irá sobretudo se mostrar reclamona. Ele propõe a substituição desse grupo por outro – por aquelas pessoas animadas pela «indutriosidade e pela racionalidade», cuja personalidade distintiva é impedida de chegar à plenitude pelo monopólio da riqueza e do poder detido pela aristocracia reclamona.

Mas por que os plebeus, que não detêm posições de poder e riqueza no governo aristocrático, e que não têm melhores perspectivas de chegar ao poder numa nova ordem, apoiam a troca de um governante por outro? Locke fundamentalmente admitiu que uma aristocracia – cujo governo se baseava na posição e na riqueza herdadas – será substituída por outra: aquilo que Jefferson denominaria de «aristocracia natural», cuja posição se baseia em graus mais altos de «racionalidade» e «industriosidade» do que os apresentados pela população em geral. A mesma arbitrariedade que concede posição e status aos aristocratas em uma sociedade aristocrática também se aplica à distribuição desigual de «racionalidade» e «industriosidade». Os critérios para a seleção da classe dominante mudam, mas sua distribuição arbitrária permanece.

É aqui que Locke invoca o exemplo do Novo Mundo, afirmando que uma sociedade governada pelos «industriosos e racionais» terá aumento de produtividade e de valor da propriedade e portanto verá um aumento da riqueza de todos:

> Deixe-me acrescentar a isso que aquele que se apropria de terra por meio de seu trabalho não diminui, e sim aumenta o capital comum da humanidade: pois as provisões que servem como sustento da vida humana, produzidas por um acre de terra cercada e cultivada, são (para falar sem exageros) dez vezes maiores do que um mesmo acre de terra com solo igualmente rico é capaz de oferecer quando desperdiçado com uso comunitário [...] [Assim] um rei de um território grande e fecundo [nas Américas] vive, mora e veste pior do que um trabalhador diarista na Inglaterra.[2]

Nessa passagem, Locke admite que os novos arranjos econômicos, sociais e políticos irão causar

---

2 Locke, *Second Treatise of Government*, pp. 23, 26.

desigualdade generalizada, mas sugere que esta será preferível a uma desigualdade em que os «reclamões e briguentos» governem, uma vez que todos estarão em melhores condições materiais. A desigualdade pode se tornar suportável caso haja um aumento na riqueza que seja desfrutado também pelos cidadãos em posições mais baixas. Mas Locke também nos diz que a desigualdade sob o novo sistema tem o potencial para uma diferenciação praticamente ilimitada. Uma economia de subsistência se diferencia pelo fato de haver uma igualdade quase total entre os governantes e os governados. A ordem aristocrática é marcada pela desigualdade generalizada de posição e status, porém essas diferenças são relativamente inamovíveis. A ordem liberal proposta, por outro lado, tem como premissa uma condição de desigualdade elástica e expansível baseada na prosperidade econômica como método de diferenciação entre as ordens mais altas e mais baixas. Os meios para suavizar as injúrias, as desfeitas, o ressentimento ou a raiva causados pela lacuna cada vez maior entre as classes mais altas e as mais baixas, os bem-sucedidos e os ineficazes, os governantes e os governados, é a promessa de uma prosperidade material sempre crescente para todos os membros da sociedade.

Esta é a aposta mais fundamental do liberalismo: a substituição de um sistema desigual e injusto por outro sistema que também contém desigualdade, mas no qual ela seria o resultado não da opressão e da violência, e sim da completa aquiescência da população, com base na premissa de que haverá uma contínua e crescente prosperidade material, somada à possibilidade teórica de mobilidade social.

Os liberais clássicos de hoje continuam promovendo esse arranjo, dizendo que ele não só é aceitável como digno de ser celebrado. Séculos depois de Locke, John F. Kennedy resumiu essa aposta com a promessa de que «uma maré cheia ergue todos os barcos» – que encontrou eco frequente em Ronald Reagan –, o que sugere que mesmo os barcos mais frágeis e baratos podem se beneficiar de diferenças do tamanho de um tsunami entre os que estão no topo e os que estão na parte de baixo. Um elemento vital dessa prosperidade era a conquista agressiva da natureza, particularmente a extração intensiva de todos os recursos potencialmente úteis e da invenção de processos e métodos que trouxessem aumento imediato de valor, independentemente de custos e consequências futuros. A tese de Locke era que o crescimento contínuo da riqueza e da prosperidade podia funcionar como substituto da coesão social e da solidariedade. Na visão do libertário Friedrich Hayek, uma sociedade que adere ao «avanço econômico rápido» necessariamente incentivará a desigualdade: «O progresso a uma taxa tão elevada não pode ocorrer de maneira uniforme, precisa vir de maneira escalonada».[3] Ecoando Locke, Hayek reconhece que uma sociedade que avança rapidamente e gera desigualdades econômicas significativas necessariamente dependerá de avanços acelerados para amenizar as insatisfações: «O sucesso pessoal só será desfrutado por grande número de pessoas em uma sociedade que, como um todo, progrida de maneira razoavelmente rápida. Em uma sociedade estacionária, haverá um número de pessoas em situação descendente comparável com os que têm situação ascendente. Para que a grande maioria possa participar do avanço durante suas vidas, é necessário que ele ocorra a uma velocidade considerável».[4]

Hayek reconhece que a sociedade liberal irá gerar tanta desigualdade quanto a ordem que ela substituiu, ou até mais, mas a promessa de mudança e

---

3 F. A. Hayek, *The Constitution of Liberty*. Ed. Ronald Hamowy. Chicago: University of Chicago Press, 2011, p. 96.

4 Ibidem, pp. 95–6.

progresso constantes garantirá que todos apoiem o sistema liberal. Ele confia que até mesmo potenciais desigualdades gigantescas – que ultrapassariam de longe as diferenças entre um camponês e o rei – levarão a um endosso quase universal de um sistema político e econômico.

Hoje há dúvidas crescentes sobre se a promessa de crescimento pode ser perpetuada. A humanidade confrontou tanto os limites impostos pela natureza, à medida que os custos de dois séculos de crescimento econômico se tornam cada vez mais evidentes na mudança climática acelerada de nossos dias, quanto a probabilidade progressivamente menor de que o capitalismo de mercado vá gerar prosperidade crescente para todas as partes da sociedade. Os últimos anos comprovaram a previsão do primeiro romance de Kurt Vonnegut, *Revolução no futuro*, de que uma lógica férrea do capitalismo de mercado – a saber, o esforço perpétuo para achatar salários, seja encontrando novos mercados com baixa remuneração, seja substituindo os seres humanos por máquinas ou computadores – irá reduzir cada vez mais todas as formas de trabalho, com algumas poucas exceções, a tédio e vergonha. Esse reconhecimento levou a um retorno da aposta básica de Locke de que um sistema que oferecesse conforto material, independentemente da amplidão da desigualdade e da ausência de perspectivas prováveis de crescimento e de mobilidade entre classes, iria mesmo assim satisfazer a maior parte dos membros da sociedade. O mais recente muso do liberalismo lockiano é o economista Tyler Cowen, cujo livro *Average Is Over* ecoa os contornos básicos do argumento de Locke. Embora diga que o liberalismo e o capitalismo de mercado perpetuam formas gigantescas e permanentes de desigualdade que poderiam levar duques e condes de antigamente a corarem de vergonha, Cowen afirma que estamos no final de um período único da história americana, uma época de crença difundida na relativa igualdade e no destino cívico compartilhado, e entrando em uma era em que efetivamente veremos a criação de duas nações separadas. No entanto, em seu capítulo de conclusão, adequadamente intitulado «Um novo contrato social?», Cowen conclui que o liberalismo continuará tendo amplo apoio popular:

> Passaremos de uma sociedade baseada na farsa de que todos têm um padrão decente de vida para outra em que as pessoas trabalham cada uma por si, muito mais do que o fazem hoje. Imagino um mundo em que, digamos, 15% dos cidadãos sejam extremamente ricos e tenham vidas fantasticamente confortáveis e estimulantes, o equivalente aos milionários de hoje em dia, embora com melhor atendimento de saúde...
> Essa concepção da desigualdade de renda em termos meritocráticos vai se autoalimentar. Indivíduos valorosos sairão da pobreza com regularidade, e isso tornará mais fácil ignorar os que são deixados para trás.[5]

Cowen prevê que essa maioria mal remunerada irá morar em lugares que lembram bastante o Texas: casas baratas, um certo grau de criação de empregos e serviços governamentais abaixo da média. Os líderes políticos, ele sugere, deveriam pensar em construir grandes áreas de favelas com aluguel baixo e internet gratuita, oferecendo assim um mundo virtual que distrairá as pessoas da pobreza terrível e do ressecamento espiritual que se tornará um modo de vida permanente para a maioria dos cidadãos. Em vez de prever que essa distopia causará o fim do liberalismo e precipitará uma revolução contra um sistema social e econômico que recria as condições da velha aristocracia que o

---

5 Tyler Cowen, *Average Is Over: Powering America Past the Age of the Great Stagnation*. Nova York: Dutton, 2013, p. 258.

liberalismo supostamente deveria derrubar, Cowen termina seu livro com esta observação cheia de esperança: «Podemos até mesmo esperar uma época em que o entretenimento barato ou gratuito seja disseminado a ponto de causar em certa medida a impressão da utopia comunista de Karl Marx, embora gerada pelo capitalismo. Essa é a verdadeira luz no fim do túnel».[6]

GOVERNO DOS MAIS FORTES

O liberalismo do início da era moderna visualizou o indivíduo autônomo dando origem a um sistema que levaria a conquistas materiais radicalmente diferentes. Como James Madison disse sobre a primeira ordem liberal do mundo, o «primeiro objeto do governo» é a proteção da «diversidade nas faculdades humanas». Madison afirma no *Federalista* 10 que, «da proteção de faculdades diferentes e desiguais de aquisição de propriedade, resulta imediatamente a posse de propriedade em diferentes graus e tipos». O primeiro objeto do governo consagrado pela nossa ordem constitucional é a proteção da «diversidade», distinções basicamente manifestas nas diferentes conquistas econômicas, só que, mais do que isso, de quaisquer diferenças que nasçam de nossa «diversidade de faculdades». A política liberal foi concebida como uma defesa dessas desigualdades. A segunda onda do liberalismo – o progressismo – defendia que a desigualdade desenfreada promovida com tanto sucesso pela primeira onda do liberalismo era, na verdade, um obstáculo para a verdadeira realização do indivíduo. Liberais posteriores concordaram que a primeira onda do liberalismo havia minado com sucesso a velha política aristocrática e suas formas econômicas, mas concluíram que seu próprio êxito tinha gerado novas

---

6 Ibidem.

patologias que precisavam de um liberalismo reinventado. O liberalismo hoje é amplamente identificado como o oposto do incentivo feito pelo liberalismo dos primeiros tempos da era moderna à liberdade econômica e à consequente estratificação, e, pelo contrário, ressalta o imperativo de maior igualdade econômica.

Mas essa adesão à igualdade econômica não foi pensada para assegurar um resultado oposto àquele criado pelo liberalismo clássico: pelo contrário, ela buscava ampliar o enfraquecimento das formas sociais e das tradições culturais já promovido pelo liberalismo clássico, com a finalidade de aumentar sua consolidação política. Sob o liberalismo clássico, essa finalidade poderia ser mais bem atingida pela limitação da autoridade do governo sobre os indivíduos. Para o liberalismo progressista, ela era mais bem atingida pelo empoderamento do Estado para equalizar os frutos de uma sociedade cada vez mais próspera e por uma intervenção cada vez mais ativa nos âmbitos da Igreja, da família e até mesmo da sexualidade humana.

Mesmo assim, do mesmo modo que seu antepassado clássico, o liberalismo progressista conseguiu o apoio das massas que ele iria prejudicar ao enfatizar como corrigiria as injustiças do sistema atual – nesse caso, as disparidades econômicas geradas pelo capitalismo de mercado. No entanto, o apelo à justiça econômica e à domesticação do mercado – jamais levadas a cabo, claro – foi feito em última instância não em nome de uma maior igualdade, e sim para assegurar a libertação daqueles que não viviam segundo as diretrizes e as restrições impostas pelas normas culturais, o que seria feito pelo desmantelamento das estruturas sociais e das práticas sociais que sustentavam o desenvolvimento da maior parte da humanidade. O esforço progressista para tornar mais igualitárias as disparidades econômicas (sem jamais equalizá-las de fato) é movido por um imperativo liberal mais profundo de equalizar as oportunidades dos indivíduos para se libertar das redes formadas pelas outras pessoas, particularmente para se libertar das normas culturais, instituições e associações compartilhadas que unem o destino de um povo. O progressismo tem como principal objetivo o desmantelamento das normas, das instituições intermediárias e das formas fortes de comunidade, uma demolição que acontece às custas das formas de vida estabelecidas dessas comunidades. A mais profunda ironia é que, embora nossa política hoje se manifeste como um confronto entre liberais clássicos e liberais progressistas, temos visto avanços tanto na libertação econômica quanto na libertação pessoal. Isso porque o liberalismo progressista jamais foi inimigo do liberalismo clássico. Seu verdadeiro inimigo era uma espécie de «burkianismo» trazido à vida: o modo de vida da maior parte da humanidade.

Os arquitetos do liberalismo progressista no século XIX mantiveram uma das principais ambições do liberalismo clássico, a saber o imperativo de libertar os indivíduos de qualquer relacionamento arbitrário e não escolhido e remoldar o mundo, transformando-o de modo que garantisse o sucesso daqueles com especial disposição para o individualismo expressivo. Poucos liberais foram mais francos do que John Stuart Mill ao insistir que essa libertação era essencial para criar uma nova classe dominante de indivíduos que tinham se feito totalmente sozinhos. Para libertar esses indivíduos das contingências e das circunstâncias, Mill insistia que a sociedade como um todo fosse refeita em benefício deles, protegendo suas diferenças únicas contra as opressivas normas sociais, especialmente os limites impostos pela religião e as normas sociais que regem o comportamento. Dizendo de outra maneira, Mill defendia que os «costumes» deveriam ser superados para que aqueles que buscam viver de acordo com escolhas pessoais na ausência de tais normas tenham maior liberdade para fazê-lo.

Em contraste com o argumento usado por Yuval Levin de que «o Grande Debate» ocorreu entre Burke e Paine, as «guerras culturais» de nosso tempo têm mais a ver com as diferenças entre burkianos intuitivos e discípulos decididos de Mill. Isso pode ser surpreendente para alguns, já que Mill por vezes é visto como um amigo do conservadorismo, especialmente pelos libertários. Mas ele não era conservador: ele foi o parteiro do liberalismo moderno, particularmente por meio dos argumentos propostos em sua obra de 1859, *Sobre a liberdade*. Muitos de seus admiradores libertários tendem a presumir que o «Princípio do Dano» de Mill trata primariamente de limitar o domínio do governo sobre a liberdade individual, no entanto Mill estava mais preocupado com os limites que poderiam ser impostos pela opinião pública. Ele abre o livro observando que, na Inglaterra de seu tempo, «o jugo da opinião é talvez mais pesado, e o da lei mais leve, do que na maior parte dos países da Europa; e há uma inveja considerável quanto à interferência direta, pelos poderes legislativo ou executivo, sobre a conduta privada».[7] Escrevendo na aurora da era da soberania popular, ele reconhecia que a opinião pública poderia algum dia se traduzir diretamente em um poder governamental coercitivo com mandato popular; porém, naquele momento, «a maioria não aprendeu a sentir o poder do governo [como] seu poder, nem suas opiniões como opiniões deles». O que o preocupava não era a lei coercitiva, mas a opinião pública opressiva.

As formas de «opinião» opressivas se manifestavam principalmente na moralidade cotidiana – naquilo que Mill furiosamente criticou como «Costumes». Embora Mill por vezes defendesse que uma boa sociedade precisasse de um equilíbrio entre «Progresso» e «Costume», basicamente ele via

---

7 John Stuart Mill, «On Liberty», *On Liberty and Other Essays*. Ed. John Gray, pp. 12–3.

os costumes como inimigos da liberdade humana, e o progresso como um objetivo básico da sociedade humana. Seguir os costumes era agir fundamentalmente de modo irrefletido e permanecer estagnado. «As faculdades humanas da percepção, do juízo, da sensação distintiva, da atividade mental e até da preferência moral são exercitadas apenas quando se fazem escolhas. Aquele que faz algo por se tratar de um costume não está fazendo escolhas.»[8]

É possível que em certo momento os costumes tenham servido a um propósito, Mill reconhece – em uma era anterior, quando «homens de corpos ou mentes fortes» podiam desrespeitar «o princípio social», era necessário que «a lei e a disciplina, como os papas que lutavam contra os imperadores, reafirmassem seu poder sobre o homem como um todo, reivindicando o controle de toda a sua vida para poder controlar o seu caráter».[9] Porém os costumes tinham passado a ter um domínio excessivo; e aquilo «que ameaça a natureza humana não é o excesso, e sim a quantidade reduzida de impulsos e preferências pessoais».[10] A alforria de formas espontâneas, criativas, imprevisíveis, pouco convencionais e muitas vezes ofensivas de individualidade era o objetivo de Mill. Indivíduos extraordinários – os mais instruídos, os mais criativos, os mais aventurosos, até mesmo os mais poderosos – libertados do domínio dos Costumes poderiam transformar a sociedade. «A tendência é que as pessoas de talento», Mill reconhece, «sejam sempre minoria»; no entanto essas pessoas, que são «mais individuais do que quaisquer outras», menos capazes de «se ajustar, sem uma compressão dolorosa, às roupas pequenas oferecidas pela sociedade», exigem «uma

....

8 Ibidem, p. 65.

9 Ibidem, p. 67.

10 Ibidem, p. 68.

atmosfera de liberdade».[11] A sociedade precisa ser remodelada para benefício dessa quantidade pequena, porém, na visão de Mill, vital de pessoas. Uma sociedade baseada nos costumes restringe a individualidade, e as pessoas que mais desejavam ser libertadas de seus grilhões não eram as pessoas «comuns», e sim as pessoas que se davam melhor ao romper com os costumes que em geral governavam a sociedade. Mill fazia um apelo por uma sociedade que tivesse como premissa «experimentos de vida»: a sociedade como um tubo de ensaio em nome dos talentos que são «mais individuais».

Vivemos hoje no mundo proposto por Mill. Em toda parte, a todo momento, participamos de experimentos de vida. Os costumes foram arrancados pela raiz: muito do que hoje passa por cultura – com ou sem o adjetivo «popular» – consiste em sarcasmo e ironia. A programação televisiva do fim de noite é o santuário especial dessa liturgia. A sociedade foi transformada dentro do que Mill sugeria, de modo que especialmente as pessoas vistas como dadas a julgar as ações dos outros são objeto de zombaria, em nome do princípio de que os atos alheios não devem ser julgados.

Mill compreendia melhor do que seus seguidores contemporâneos que isso exigiria que os «melhores» dominassem os «comuns». A rejeição dos costumes exigia que os elementos mais «avançados» da sociedade tivessem maior representação política. Para Mill, isso seria conquistado por meio de uma distribuição desigual de direito ao voto; quem tivesse instrução superior teria direito a mais votos. Em sociedades menos avançadas, Mill dizia, poderia ser necessária a escravidão pura e simples de populações mais atrasadas até que elas pudessem ser postas no caminho do avanço progressista. Isso significaria, antes de mais nada e principalmente, forçá-las a trabalhar mais e a se importar mais com

---

11 Ibidem, p. 72.

a produtividade econômica do que com atividades improdutivas como devoção religiosa ou lazer.

Os americanos, durante grande parte de sua história, não demonstraram interesse filosófico por Burke mas foram burkianos na prática. A maioria viveu de acordo com os costumes – com pressupostos morais básicos referentes às normas fundamentais que acompanhavam uma boa vida. É preciso respeitar a autoridade, começando pelos pais. Deve-se ter um comportamento modesto e cortês. Devem-se evitar mostras de lascívia e excitação. Deve-se ter atividade sexual apenas após o casamento. Depois de casar, deve-se permanecer casado. Devem-se ter filhos – em geral, muitos filhos. Deve-se viver dentro das próprias possibilidades. Deve-se agradecer e louvar ao Senhor. Devem-se respeitar os mais velhos e reconhecer as dívidas com os mortos.

Mill desdenhava desses costumes, acreditando que eram costumes irrefletidos; Burke os louvava como sendo formas essenciais de «preconceito». Em suas *Reflexões sobre a revolução na França*, Burke escreveu:

> Nesta era de luzes sou ousado ao confessar que em geral nós somos homens de sentimentos espontâneos, [e] que, em vez de jogarmos fora nossos velhos preconceitos, nós os estimamos [...] Temos receio de pôr homens para viver e fazer comércio cada um com base em seu estoque privado de razão, porque suspeitamos que esse estoque seja pequeno em cada homem, e que os indivíduos fazem melhor ao se servirem do fundo comum e do capital das nações e das eras [...] O preconceito transforma em virtude o hábito, e não numa série de atos desconexos. Por meio do preconceito justo, sua tarefa se torna parte de sua natureza.[12]

---

12 Edmund Burke, *Reflections on the Revolution in France*. Ed. J. G. A. Pocock. Indianapolis: Hackett, 1987, p. 76.

Mill temia a tirania da opinião pública, expressa por meio dos costumes, mas Burke afirmava que havia uma probabilidade muito maior de encontrar o impulso tirânico entre os «inovadores» e que isso poderia ser freado pelo preconceito. O que deveríamos temer era o poder sem grilhões, não os cidadãos comuns que seguem os costumes. Burke via uma relação íntima entre o impulso revolucionário e o impulso tirânico, tornada especialmente insidiosa quando os Grandes podiam invocar o manto da legitimidade popular: «O espírito da inovação em geral é resultado de um temperamento egoísta [...] Quando não estão alertas, [os democratas] tratam a parte mais humilde da comunidade com o maior desprezo, embora ao mesmo tempo finjam torná-los depositários de seu poder».[13]

A sociedade atual foi organizada em torno do princípio milliano de que «tudo é permitido», pelo menos desde que não resulte em dano mensurável (principalmente físico). É uma sociedade organizada para benefício dos fortes, como Mill reconheceu. Por outro lado, uma sociedade burkiana é organizada para benefício das pessoas comuns – a maioria que se beneficia das normas sociais que espera-se sejam cumpridas tanto pelos fortes quanto pelos comuns. Uma sociedade pode ser moldada para benefício da maioria das pessoas ao dar ênfase principalmente a normas informais e costumes que asseguram o caminho para o desenvolvimento da maior parte dos seres humanos; ou pode ser moldada para benefício dos extraordinários e dos poderosos ao libertar todos das restrições dos costumes. Nossa sociedade foi em outros tempos moldada com base no benefício para os muitos cidadãos comuns; hoje ela é moldada em grande medida para benefício dos poucos cidadãos fortes.

---

13 Ibidem, pp. 29, 49.

LIBERALOCRACIA ASCENDENTE

Os resultados dessa transformação civilizacional estão para onde quer que olhemos. Nossa sociedade é cada vez mais definida pela existência de vencedores e derrotados econômicos, com os vencedores se congregando nas cidades ricas e nos seus arredores, ao passo que os derrotados em grande medida permanecem estagnados – literal e figurativamente –, atolados por uma economia global que recompensa uma elite cognitiva com alto grau de instrução e oferece migalhas para os que são deixados em cidades sem grande importância econômica. Tendências observadas décadas atrás por Robert Reich e Christopher Lasch, que lamentaram «a secessão dos bem-sucedidos» e a «revolta da elite», são hoje institucionalizadas por meio da família, da vizinhança e das escolas e replicadas a cada geração.[14] Os filhos dos bem-sucedidos são preparados para entrar na classe dominante, enquanto os que não contam com esses conhecimentos têm uma capacidade muito mais reduzida de conquistar os pré-requisitos básicos (sobre os quais muitas vezes nem têm muito conhecimento) necessários para impulsionar seus filhos rumo ao pelotão de elite.

Charles Murray e Robert Putnam documentaram de maneira consistente a divisão de classe autoperpetuadora que permeia a sociedade americana moderna.[15] Murray demonstrou por meio de duas cidades fictícias – a rica Belmont e a dilapidada Fishtown – que os ricos e poderosos hoje gozam de estabilidade familiar e conjugal, taxas relativamente baixas de divórcios e nascimentos fora

---

14 Robert B. Reich, «Secession of the Successful», *New York Times,* 20 jan. 1991; Christopher Lasch, *The Revolt of the Elites and the Betrayal of Democracy.* Nova York: Norton, 1994.

15 Murray, *Coming Apart;* Robert D. Putnam, *Our Kids: The American Dream in Crisis.* Nova York: Simon and Schuster, 2015.

do casamento e baixas incidências de drogas e criminalidade, ao passo que em todos esses indicadores Fishtown ruma para a anarquia social. Murray afirmou que Belmont simplesmente precisa praticar aquilo que prega – exaltar as virtudes da virtude, em vez do «experimentalismo» milliano e do relativismo dos valores – para instruir os habitantes de Fishtown quanto ao que é necessário para conquistar o sucesso. Putnam fez um apelo para que haja maior apoio governamental para cidadãos que estão sendo deixados para trás do ponto de vista econômico, propondo uma série de programas para ajudá-los a romper o ciclo da decadência social.

Ambos ignoram aquilo que a observação empírica sugeriria: essa condição não é uma aberração de um liberalismo saudável, e sim a sua realização. Desde o princípio, o liberalismo prometeu uma nova aristocracia composta dos que prosperariam com a libertação dos indivíduos de sua história, da tradição, da natureza e da cultura, e com a demolição ou o desgaste dos apoios institucionais que foram redefinidos como limites ou obstáculos para a liberdade. Aqueles mais aptos tanto por disposição (natureza) quanto por criação (cultura) e acaso para ser bem-sucedidos em um mundo que não conta com esses apoios institucionais aspiram à autonomia. Mesmo com a reconstrução da família liberal para que ela sirva de plataforma de lançamento para o indivíduo autônomo, uma paisagem despojada das redes sociais difusas destina aqueles que não contam com vantagens para ser bem-sucedidos na sociedade liberal às classes inferiores. Contribui para a desvantagem deles a «secessão dos bem-sucedidos», a remoção geográfica de uma elite social e econômica para umas poucas áreas concentradas, levando para longe aqueles que em outras épocas poderiam ter feito trabalho filantrópico na região e contribuído para a construção da sociedade civil local.

Murray acredita que apenas a negação proposital nascida de um preconceito progressivamente adquirido impede que a elite exalte as virtudes de uma família estável e as qualidades pessoais que as ajudam a manter seu status social. A afirmação dele negligencia uma causa diferente: a liberalocracia reconhece que mantém sua posição por meio das vantagens de instituições sociais estáveis que servem ironicamente como plataforma de lançamento para indivíduos millianos. Esses indivíduos prosperam em um mundo despojado dos costumes e do tipo de instituição que transmitia as normas culturais, da responsabilidade desenvolvida pelo hábito e das virtudes cultivadas ordinariamente. Depois do amplo desmantelamento dessas instituições – o que inicialmente levou à instabilidade das famílias, independentemente de classe social –, a família pôde ser reconstituída dentro da forma liberal, agora despojada daqueles apoios sociais, porém sustentada por sistemas de apoio que podem ser comprados: uma nova forma de classe servil formada, por exemplo, por babás e jardineiros, junto com os tutores do mundo moderno (cursinhos pré-vestibulares) e amas-secas (creches). A família reconstruída assim se torna um dos meios primários pelos quais a liberalocracia se perpetua, de maneira muito semelhante ao modo como a família aristocrática era a fonte de riqueza e status em épocas anteriores. Se o status da família aristocrática estava vinculado à terra e ao patrimônio – consequentemente dando ênfase à continuidade geracional e à primogenitura –, a família liberalocrata se apoia em laços familiares frouxos e na promessa de mobilidade. Enquanto isso, a liberalocracia mantém um estudado silêncio sobre a dizimação da família e por consequência das normas sociais entre aqueles que Locke poderia chamar de «reclamões e briguentos», uma vez que o indivíduo libertado, fruto do liberalismo, dita que essas pessoas, hoje relegadas a uma classe inferior, devem arcar com os custos do desmantelamento das formas sociais e das instituições que tradicionalmente apoiavam as famílias mesmo entre os menos afortunados.

Com efeito, o liberalismo avança de maneira muito eficaz por meio tanto do liberalismo clássico quanto do liberalismo progressista, por meio tanto do liberalismo econômico de Locke quanto do liberalismo no estilo de vida de Mill, ainda que os dois afirmem estar travando uma batalha. A destruição das normas sociais, da cultura e da ecologia social das instituições e associações de apoio é promovida tanto pelo mercado quanto pelo Estado. Defensores do primeiro modelo (como Murray) afirmam que a profunda desigualdade resultante pode ser amenizada por meio de advertência moral, enquanto os proponentes do segundo modelo (como Putnam) afirmam que o governo pode substituir a sociedade civil e reconstruir a família que a liberalocracia eviscerou. Ambos os lados veem a desigualdade geracional como uma aberração, em vez de reconhecerem que ela é uma conquista fundamental da ordem liberal.

O autoengano da liberalocracia, em grande parte, não é maldoso nem desonesto. O liberalismo pode ser visto como o primeiro regime a colocar em prática uma versão da «Mentira Nobre» proposta por Platão na *República*, que afirmava não apenas que se contaria aos governados uma lenda sobre a natureza do regime, mas, mais importante, a classe dominante também acreditaria nela. A «mentira nobre» propõe uma história por meio da qual os habitantes do «regime ideal» proposto por Sócrates a um só tempo acreditam em sua igualdade fundamental como membros de uma mesma família e na base natural de sua desigualdade. Embora Platão tenha proposto o «regime ideal» como um exercício filosófico, o liberalismo adotou uma versão da «mentira nobre» para promover uma ordem constituída de modo semelhante, em que as pessoas seriam levadas a crer na legitimidade da desigualdade apoiada por um mito da igualdade fundamental. Não só os trabalhadores diaristas seriam incentivados a crer que sua condição de vida melhoraria continuamente por meio de sua ascensão na ordem liberal em andamento, mas, mais importante, os liberalocratas seriam educados em um profundo autoengano segundo o qual eles não eram uma nova aristocracia, e sim o exato oposto de uma ordem aristocrática. Um veículo de grande importância foi o verniz de justiça social e preocupação com os desafortunados, muito estimulado entre os liberalocratas desde muito cedo, muitas vezes nas próprias instituições educacionais mais responsáveis pela sua elevação à condição de membros da elite. São frequentemente essas mesmas pessoas que, ao se depararem com uma discussão da «mentira nobre» na *República*, se dirão revoltadas com um subterfúgio desse tipo, sem saber que a caverna que ocupam foi tornada invisível pela luz artificial projetada para esconder suas paredes.

Capítulo 7

A Degradação da Cidadania

A expressão «democracia liberal» é amplamente usada para descrever o regime que hoje é visto na maior parte do Ocidente como a única forma legítima de organização política. O «liberalismo» transformado em adjetivo coexiste com o substantivo «democracia», aparentemente dando um lugar de destaque para a mais antiga forma de regime em que o povo governava. Porém a frase tão usada realiza algo diferente do que faz crer seu sentido aparente: o adjetivo não apenas modifica «democracia» como propõe uma redefinição do antigo regime, transformando-o em seu exato oposto, um regime em que as pessoas não governam, e sim se satisfazem com os benefícios materiais e marciais de viver em uma *res idiotica* liberal. Ao mesmo tempo, a palavra «democracia» confere ao regime liberal uma legitimação dada por um povo cujo suposto consentimento substitui uma forma mais robusta de cidadania. Uma forma degradada de cidadania surge da ênfase implacável dada pelo liberalismo às coisas privadas em detrimento das públicas, ao interesse próprio em detrimento do espírito cívico e à soma de opiniões individuais em detrimento do bem comum.

Vivemos em uma era em que a antiga suspeita de que a democracia era uma forma baixa e corrupta de governo foi em grande medida esquecida, ou, quando nos deparamos com ela, é vista como retrógrada, autoritária e desumana. A genialidade do liberalismo foi reivindicar legitimidade com base no consenso e no arranjo periódico de eleições controladas, ao mesmo tempo que instituiu estruturas que iriam dissipar as energias democráticas, incentivar a criação de um público fraturado e fragmentado e assegurar que o governo caiba a agentes selecionados entre os membros da elite. Se essa fosse toda a conquista do liberalismo, entretanto, a sua pátina de legitimidade rapidamente iria evanescer à medida que uma população frustrada testemunhasse uma crescente separação entre o discurso da democracia e a ausência de controle popular. Porém a verdadeira genialidade do liberalismo foi moldar e educar de maneira sutil mas persistente os cidadãos para que eles considerassem «democracia» um equivalente do ideal do indivíduo que se faz por si mesmo – o individualismo expressivo –, ao mesmo tempo que aceitam que a pátina da democracia política blinde um governo poderoso e distante cuja legitimidade mais profunda surge da ampliação das oportunidades e da experiência do individualismo expressivo. Desde que a democracia liberal amplie «o império da liberdade», principalmente na forma de direitos, poder e riqueza em expansão, a real ausência de autogoverno democrático ativo não só é aceitável como é uma finalidade desejada. Assim o liberalismo abandona o desafio da democracia como um regime que exige o cultivo do autogoverno disciplinado em favor de uma visão do governo como uma entidade separada, ainda que benéfica, que apoia a provisão ilimitada de bens materiais e a expansão irrestrita da identidade privada.

Liberalismo Antidemocrático

Os defensores do liberalismo gostam de fazer notar os perigos da democracia, particularmente a ameaça que as maiorias sem restrições podem apresentar às liberdades das minorias. Observadores políticos de renome como Fareed Zakaria ressaltaram a ascensão da «democracia iliberal» como uma grande ameaça à estabilidade política, aos direitos e à economia política liberal.[1] No rastro da ascensão de movimentos nacionalistas populistas como aqueles que em vários lugares da Europa se opõem a princípios fundamentais da União Europeia – particularmente aqueles focados na eliminação efetiva de fronteiras nacionais – e no rastro do referendo do «Brexit» na Grã-Bretanha e da eleição de Donald J. Trump para a presidência dos Estados Unidos, o teórico político e colunista do *Wall Street Journal* William Galston dedicou uma coluna a um alerta de que «a mais urgente ameaça à democracia liberal não é a autocracia; é a democracia iliberal».[2] Aos olhos dos principais comentaristas, a democracia continua sendo um regime tão ameaçador e repulsivo quanto era para Platão e Aristóteles. Se os filósofos antigos tipicamente relegavam a democracia à categoria dos regimes «maus» ou «baixos», os principais pensadores de hoje mantêm uma lealdade intelectual à democracia desde que ela seja mantida dentro das restrições impostas pelo liberalismo, afirmando que o liberalismo limita o poder da maioria e protege as liberdades de expressão e de imprensa, além dos limites constitucionais ao governo. Eles em geral também tendem a preferir mercados razoavelmente abertos e fronteiras nacionais porosas, afirmando que esses arranjos asseguram a prosperidade para os consumidores da nação e permitem oportunidades globalizadas de mobilidade e oportunidade econômica.

A democracia portanto é uma ferramenta legitimadora aceitável apenas quando sua prática ocorre

---

1 Fareed Zakaria, «The Rise of Illiberal Democracy», *Foreign Affairs,* nov.-dez. 1997, pp. 22–43. Zakaria posteriormente expandiu esse ensaio e o transformou em livro, *The Future of Freedom: Illiberal Democracy at Home and Abroad.* Nova York: Norton, 2007.

2 William Galston, «The Growing Threat of Illiberal Democracy», *Wall Street Journal,* 3 jan. 2017, disponível em: <http://www.wsj.com/articles/the-growing-threat-of-illiberal-democracy-1483488245>.

dentro das premissas liberais e fornece amplo apoio a essas mesmas premissas. Quando maiorias democráticas rejeitam aspectos do liberalismo – como os eleitorados de várias partes da Europa ocidental e da América fizeram nos últimos anos –, um coro crescente de vozes importantes denuncia a democracia e a falta de sabedoria das massas. As elites americanas ensaiaram periodicamente a possibilidade de limitar severamente a democracia, acreditando que ela irá minar as políticas preferidas pelos especialistas. Em particular, aqueles que são favoráveis à expansão do liberalismo além do Estado-nação, e portanto de políticas que aumentem a integração econômica e o efetivo apagamento das fronteiras, se tornaram progressivamente defensores de uma democracia mais limitada. Uma dessas autoridades é Jason Brennan da Universidade Georgetown, que afirmou em um livro intitulado *Contra a democracia* que os eleitores são consistentemente mal informados e até mesmo ignorantes, e que o governo democrático, portanto, em última instância reflete as deficiências do eleitorado.[3] Outros liberais de tendência libertária, como Bryan Caplan, Jeffrey Friedman e Damon Root, acreditam que, quando a democracia ameaça os compromissos substantivos do liberalismo – o que segundo eles sempre irá acontecer, uma vez que eleitores pouco instruídos e mal informados sempre serão iliberais –, pode ser simplesmente melhor pensar em modos

....

3 Jason Brennan, *Against Democracy*. Princeton: Princeton University Press, 2016. Logo após a eleição de Donald Trump em 2016, Brennan escreveu, em um artigo no *Washington Post*, «A maioria dos eleitores está sistematicamente desinformada sobre fatos básicos relevantes para a eleição e muitos defendem políticas que passariam a rejeitar caso estivessem mais bem informados. Elegemos governos de má qualidade porque os eleitores não têm muita ideia do que estão fazendo». Brennan, «The Problem with Our Government Is Democracy», *Washington Post*, 10 nov. 2016.

de abandonar a democracia.[4] Brennan, por outro lado, faz apelo pelo governo de uma «epistocracia», uma elite governante com conhecimento testado e comprovado para governar de maneira eficiente e eficaz um Estado e uma ordem liberal modernos e capitalistas.

As posições desses liberais contemporâneos não são exatamente uma novidade; elas ecoam argumentos de outros importantes acadêmicos da primeira metade do século xx, quando havia uma confiança crescente na expertise do Estado administrativo e uma visão sombria das capacidades intelectuais do eleitorado. Em seu livro de 1973, *A crise da teoria democrática*, Edward A. Purcell documentou de modo magistral a crise da teoria democrática que ocorreu como resultado das primeiras descobertas das ciências sociais. Uma quantidade considerável dos primeiros dados das ciências sociais – incluindo os primeiros testes de inteligência aplicados em larga escala a uma população vista como representativa do cidadão médio, ou até superior a ele, no caso grandes quantidades de soldados durante a Primeira Guerra Mundial – revelou índices constantemente baixos de qi em amplas faixas da população americana. Um fluxo contínuo de indícios semelhantes levou muitos cientistas sociais importantes dos anos 1920 e 1930 a pedir uma grande mudança na forma de governo.[5]

---

4 Bryan Caplan, *The Myth of the Rational Voter: Why Democracies Choose Bad Policies*. Princeton: Princeton University Press, 2007; Jeffrey Friedman, «Democratic Incompetence in Normative and Positive Theory: Neglected Implications of 'The Nature of Belief Systems in Mass Publics'», *Critical Review*, 18, n. 1–3, 2006, pp. I–XLIII; Damon Root, *Overruled: The Long War for Control of the U.S. Supreme Court*. Nova York: St. Martin's, 2014.

5 Edward A. Purcell, *The Crisis of Democratic Theory: Scientific Naturalism and the Problem of Value*. Lexington: University Press of Kentucky, 1973, p. 98.

Ninguém menos do que o presidente da Associação Americana de Ciência Política em 1934 – Walter J. Shepard – fez um apelo para que se reconsiderasse a tradicional «fé» americana na democracia. Os indícios mais confiáveis mostravam que as pessoas não estavam sendo guiadas por conhecimento e sabedoria mas por ignorância e caprichos: «A razão não está sozinha, pois o sentimento, os caprichos e a paixão são fatores importantes na composição da opinião pública. [...] Já não acreditamos que a 'voz do povo é a voz de Deus'».[6] Concluindo que a democracia era indefensável – por razões semelhantes àquelas sugeridas por Brennan, Caplan, Friedman e outros –, Shepard incitou seus colegas cientistas políticos a deixarem de lado as ilusões quanto à fé injustificada no público: o eleitorado «deve perder a aura que existe a seu redor [...] O dogma do sufrágio universal deve ceder lugar a um sistema de testes educacionais e de outros tipos que excluirão os ignorantes, os mal informados e os elementos antissociais que até aqui controlaram com tanta frequência as eleições».[7] Até mesmo John Dewey, que certa vez afirmou sua «fé democrática» em um longo debate com Walter Lippmann, reconheceu ser improvável que o público fosse capaz de ascender ao nível de conhecimento cívico e à competência exigidos em um período de complexidades cada vez maiores, e sugeriu que poetas ao estilo de Whitman seriam necessários para fornecer uma «apresentação» adequada e acessível das informações políticas e científicas complexas necessárias aos cidadãos de uma sociedade moderna complexa.[8]

A preocupação com a «competência democrática» dos cidadãos comuns deu origem não apenas

---

6   Walter J. Shepard, «Democracy in Transition», *American Political Science Review*, 29, 1935, p. 9.

7   Ibidem, p. 18.

8   John Dewey, *The Public and Its Problems*. Athens, Ohio: Swallow, 1954, pp. 183–4.

a críticas explícitas à democracia como também a esforços para restringir o governo democrático promovidos até mesmo por aqueles que em geral reivindicam estar cobertos pelo manto democrático. Em certa medida, os liberais progressistas parecem endossar vigorosamente a democracia, e têm sido responsáveis por várias medidas que aumentam formas mais diretas de governo democrático. A crença num controle popular mais direto – evidenciada em propostas como as de iniciativa popular, o *recall* e os referendos – foi indício da crença da Era Progressista na sabedoria das multidões. Apelos por instrução – liderados por Dewey – vinham acompanhados por afirmações de que «o verdadeiro Reino de Deus» estava prestes a se realizar.[9]

No entanto, ao mesmo tempo, um impulso aparentemente contraditório foi tornado claro por muitos dos mesmos progressistas. Acompanhando pedidos por *mais* democracia havia pedidos simultâneos por *menos* influência popular na construção de políticas públicas. Os progressistas estavam por trás de movimentos em favor de maior profissionalização do governo, sobretudo da reforma do serviço público, com exames e redução na quantidade de indicações políticas nos governos (cortando assim exatamente a conexão eleitoral que os progressistas buscavam maximizar em outros lugares). Os progressistas foram os grandes proponentes de um crescimento da burocracia governamental – a profissionalização da política – e da «ciência» da administração. Os progressistas também estiveram na vanguarda da promoção das ciências sociais – incluindo especialmente a ciência política – como sendo o melhor e mais objetivo meio de escolha e implementação de políticas públicas racionais e objetivamente sólidas em detrimento dos caprichos

---

9 John Dewey, «My Pedagogic Creed», in: *The Early Works of John Dewey, 1882–1898*. Ed. Jo Ann Boydston, vol. 5. Carbondale: Southern Illinois University Press, 1967–72.

passageiros do eleitorado. Grandes figuras da disciplina, como Woodrow Wilson, buscaram promover o estudo científico da política nos primeiros anos do século XX, estabelecendo as bases para a ascensão da metodologia das ciências sociais como substituta necessária das políticas carregadas de valor. Figuras dos primeiros tempos da instituição da ciência social – como Charles E. Merriam, Harold D. Lasswell e George E.G. Catlin – fizeram apelos por estudos científicos da política que consideravam pré-requisitos para políticas públicas objetivas. «Nada tem maior risco de causar equívocos», escreveu A. Gordon Dewey da Universidade de Columbia, «do que a intromissão de considerações morais em uma investigação essencialmente não moral, factual».[10] A opinião popular era vista como algo que guiava as pessoas encarregadas da criação de políticas públicas. A democracia, assim, estava limitada a expressar essas preferências, a coleção de opiniões individuais que podiam então ser somadas e servir como informações para que especialistas em administração pública criassem políticas especializadas e apropriadas. Elton Mayo – um grande cientista social dos anos 1920 – declarou: «Em todo o mundo, precisamos de uma elite administrativa».[11] Armada com dados objetivos fornecidos por cientistas sociais, uma elite burocrática cheia de credenciais deveria receber dicas de massas democráticas irracionais e ignorantes e por vezes levar essas mesmas massas a aceitarem políticas públicas objetivamente boas.

Restrições Fundacionais

Estudos demonstrando continuamente a ignorância e a incompetência cívicas, a indiferença e a

---

10 Citado em Purcell, *The Crisis of Democratic Theory*, p. 95.

11 Citado em ibidem, p. 103.

desinformação são vistos pelos cientistas sociais de hoje como algo semelhante à composição da água ou às leis da física: dados de uma realidade objetiva e em grande medida inalterável. Ironicamente, numa era em que a ciência se interessa pelos modos como a atividade humana modifica algumas suposições básicas sobre o mundo natural – especialmente a mudança climática – uma suposição básica da ciência social é que os dados sobre a «competência» política refletem fatos imutáveis. Um profundo compromisso com os objetivos do liberalismo torna esses cientistas sociais insensíveis ao modo como o próprio liberalismo incentivou a formação desse conjunto de cidadãos, ao fato de que seu principal objetivo era moldar uma população liberal centrada nos interesses individuais e nos compromissos com os fins privados. Quando os cientistas sociais concluem, a partir de dados sobre a ignorância cívica, que a democracia deve ser abandonada ou quando chegam à conclusão de que é preciso ampliar os esforços de «educação cívica», a hipótese básica é a mesma: o liberalismo pode corrigir o que a maioria dos liberais contemporâneos não é capaz de reconhecer como cria do próprio liberalismo. A ignorância em relação à sua própria história e a seus objetivos – o «imediatismo» dos liberais – é uma das mais importantes defesas do liberalismo contra o reconhecimento de que ele gera uma catástrofe cívica que depois afirma precisar curar por meio da aplicação de mais liberalismo.

A persistente ausência de letramento cívico, os baixos índices de comparecimento nas eleições e a falta de espírito público não são males acidentais que possam ser curados pelo liberalismo; são resultado do êxito sem paralelo do liberalismo. É um objetivo que foi embutido no «sistema operacional» do liberalismo, e a descoberta feita por cientistas políticos de que tivemos e temos uma indiferença cívica e um analfabetismo político disseminados são as consequências esperadas de uma ordem liberal bem-sucedida.

Apesar de todas as diferenças entre os progressistas e os autores da Constituição, há uma impressionante continuidade, um compromisso básico compartilhado entre os dois tipos de liberalismo: tanto os liberais clássicos quanto os liberais progressistas são dominados por pensadores que louvam o governo do eleitorado ao mesmo tempo que tentam promover traços governamentais sistêmicos que irão minimizar a influência eleitoral em nome dos resultados de boas políticas. Na verdade, é curioso e talvez errôneo debater a «competência democrática» do público americano, tendo em conta que o sistema de governo explicitamente desenhado pelos autores da Constituição *não* pretendia ser democrático. Os autores e os defensores da Constituição defenderam a lei maior negando explicitamente que a Constituição fosse resultar numa democracia. Eles buscavam estabelecer uma república, não uma democracia. Como Madison celebremente escreveu em *O federalista* 10,

> portanto as democracias têm sido espetáculos de turbulência e discórdia: foram sempre vistas como incompatíveis com a segurança pessoal ou com os direitos de propriedade; e em geral tiveram vida curta e mortes violentas. Políticos teóricos, que apadrinharam esse tipo de governo, supuseram erroneamente que, ao reduzir a humanidade a uma perfeita igualdade em seus direitos políticos, todos iriam ao mesmo tempo ser perfeitamente igualados e equiparados em suas posses, suas opiniões e suas paixões.[12]

Madison em particular dizia que os perigos das democracias – concebidas como democracias

---

12 James Madison, Alexander Hamilton e John Jay, *The Federalist*. Ed. George W. Carey e James McClellan Indianapolis: Liberty Fund, 2001, nº 10, p. 46.

diretas de pequena escala (que ele imaginava como correspondendo grosso modo ao tamanho dos menores estados americanos) com alto nível de participação dos cidadãos – podiam ser evitados por meio de dois recursos: primeiro, pelo «princípio representativo» da nova ciência da política; e, segundo, pela «extensão da esfera», ou seja, pela criação de uma entidade política de grande escala que minimizaria as possibilidades de combinações cívicas («facções»), aumentaria a quantidade de interesses e desestimularia a confiança política e a atividade política dos cidadãos. Embora mantivesse uma conexão eleitoral que continuaria depositando no povo a soberania, Madison dizia claramente que os representantes não deveriam ser guiados em excesso pela vontade do povo: o efeito desejado da representação, ele dizia, é «refinar e ampliar as visões do público fazendo com que elas passem por um corpo selecionado de cidadãos, cuja *sabedoria pode discernir melhor o verdadeiro interesse* de seu país».[13]

O melhor interesse da nação, de acordo com James Madison em *O federalista* 10, era a defesa «do primeiro objeto do governo», que era a proteção da «diversidade nas faculdades dos homens». A esfera pública existia para que houvesse a diferenciação entre o indivíduo e os outros. Do ponto de vista setecentista de Madison, o governo existia para «proteger» as buscas individuais e os resultados dessas buscas, particularmente na medida em que essas diferenças se manifestassem em obtenção desigual e variada de propriedade. O governo existe para proteger a maior esfera possível de liberdade individual, e o faz incentivando a busca do interesse próprio tanto entre os cidadãos quanto entre os servidores públicos. O fato de que «à ambição deve-se contrapor ambição» é concebido como modo pelo qual poderes separados e divididos impedirão qualquer pessoa em particular de centralizar e tomar o

---

13 Ibidem; grifo meu.

poder; porém ao mesmo tempo o próprio governo deve receber novos poderes substanciais para agir sobre os indivíduos com a finalidade de a um só tempo libertá-los dos limites impostos por suas localidades específicas e promover especialmente a expansão do comércio, assim como as «artes e ciências úteis».

Essa tecnologia política do liberalismo era voltada para libertar os indivíduos de lealdades parciais a pessoas e lugares específicos, e para nos tornar indivíduos que, sobretudo, lutarão para atingir suas próprias ambições e desejos. Parte da nova tecnologia do moderno republicanismo é o que Madison denominou de «órbita ampliada», que não apenas daria origem a líderes políticos de «personalidade adequada» como inculcaria a indiferença cívica e o privatismo nos cidadãos. Madison tinha esperança de que uma das consequências da ampliação da órbita fossem maiores níveis de desconfiança mútua entre os cidadãos interessados em promover interesses particulares, o que reduziria a probabilidade de que eles se unissem e se comunicassem: «Onde existe uma consciência de que há propósitos injustos e desonrosos, a comunicação é sempre restringida por uma desconfiança proporcional à quantidade de pessoas cuja concordância é necessária». Surge um retrato de cidadãos que se deparam com uma massa de outros cidadãos de quem eles tendem a desconfiar, e uma classe de representantes que – embora eleita pelos cidadãos – é incumbida de governar com base na sua visão de quais sejam os interesses da nação.

Madison tinha esperança de que, ao reconhecer sua relativa impotência na esfera pública, o povo concentrasse sua atenção na conquista de objetivos e finalidades privados de mais fácil obtenção. A esfera pública atrairia os ambiciosos e aqueles que são atraídos pelo poder, porém dirigiria o poder crescente do governo central para aumentar as perspectivas individuais de realização das ambições privadas do indivíduo, incentivando ao mesmo tempo a libertação de laços e conexões interpessoais, nutrindo a desconfiança em relação aos outros de modo que as relações interpessoais fossem tênues, fugidias e substituíveis. Um dos modos pelos quais se esperava que o republicanismo moderno fosse combater o antigo problema da criação de facções políticas era não pelo louvor ao espírito público, mas, ao contrário, por meio do incentivo à «desconfiança de motivos» que viria à tona devido à amplidão da república, que estaria constantemente modificando a dinâmica política, o incentivo ao «pluralismo» e a expansão da diversidade como uma preferência padrão, e portanto a modificação de compromissos dos cidadãos. O antigo louvor à virtude e à aspiração ao bem comum deveria ser substituído pela motivação básica do moderno republicanismo – a busca do interesse próprio que leva ao aumento geral de poder e portanto à satisfação dos desejos.

A política liberal que resulta disso incentiva portanto uma sociedade liberal – uma sociedade que louva o interesse próprio, a ambição desmedida dos indivíduos, uma ênfase nas buscas privadas em detrimento do bem-estar comum e uma habilidade adquirida de manter um distanciamento psicológico de qualquer outro ser humano, incluindo a possibilidade de reconsiderar quaisquer relacionamentos que sejam limitações fundamentais à nossa liberdade pessoal. Se Madison acreditava em grande medida que essa expressão da diferenciação individual se manifestaria principalmente por meio da propriedade, podemos com facilidade discernir como essa forma «externa» de diferenciação acabaria sendo «internalizada» em formas de identidade pessoal que exigiriam de modo semelhante um governo ativo e vasto para «proteger as diversas faculdades dos homens» – ou qualquer identidade que a pessoa desejasse assumir. A idolatria da «diversidade» na forma da identidade pessoal foi cosida no mais profundo tecido do projeto liberal, e isso trouxe a diminuição do civismo universal e do incentivo ao bem-estar comum. A única lealdade comum aos cidadãos que permaneceria existindo seria aquela a um projeto político que dava apoio a um individualismo cada vez maior, à fragmentação e à expansão da «diversidade das faculdades».

GRANDEZA PÚBLICA PARA FINS PRIVADOS

As próprias origens da democracia de massas, então, parecem estar vinculadas a esforços para minimizar a criação de um grupo de cidadãos engajado na democracia. A narrativa política dominante nos Estados Unidos – que vem se mantendo consistentemente a mesma desde a fundação, passando pela era progressista e chegando até mesmo aos dias de hoje – valorizava o governo democrático e ao mesmo tempo bolava estruturas que isolavam o governo de uma influência popular excessiva. Entre os exemplos mais recentes da diminuição de participação e controle popular no governo estão a ascensão dos conselhos de especialistas e a crescente influência de agências semigovernamentais mas que mantêm certo isolamento, como o Banco Central americano.

Liberais clássicos e progressistas compartilhavam não apenas a ambição de restringir a prática democrática e uma cidadania ativa, como também uma visão substantiva do que constituía uma «boa política». A boa política tanto para os fundadores quanto para os progressistas era aquela que promovia a força econômica e política da república americana e a consequente expansão do poder em suas formas privada e pública. O liberalismo buscava não o adestramento e o disciplinamento do poder, junto com o cultivo das virtudes públicas e privadas que acompanhariam essas medidas, como a frugalidade e a temperança, e sim formas institucionais de controlar o poder direcionando-o para os objetivos do poderio, da energia e do dinamismo da nação. Como Publius — o pseudônimo escolhido pelos autores de *O federalista*, Madison, Alexander Hamilton e John Jay — explica ao defender a outorga de poderes flexíveis para o governo central, circunstâncias futuras imprevisíveis, particularmente no campo das relações exteriores, exigem o potencial para que o governo central detenha um poder incalculável, portanto ilimitado. «É necessária a existência de uma capacidade», escreve Hamilton em *O federalista* 34, «de responder a futuras contingências, à medida que elas acontecerem; e, como essas contingências são de natureza ilimitada, do mesmo modo é impossível limitar de maneira segura tal capacidade [...] Em que ponto podemos parar, sem outorgar um poder indefinido para resolver emergências quando elas vierem a surgir?».[14] Essa é, de fato, a verdadeira natureza do regime que estava sendo planejado — especificamente, uma república comercial — que irá comprovar ter uma atração por ambições externas, exigindo assim a outorga de «poder indefinido»: «Se queremos ser um povo de comerciantes», continua Hamilton, «deve fazer parte de nossa política a capacidade de defender esse comércio».[15] O argumento ecoa Maquiavel: o príncipe deve poder agir com poderes ilimitados em defesa do Estado; as ambições do Estado, libertadas de suas correntes, levarão à riqueza e à grandeza da nação, tornando mais provável que outras nações busquem se apropriar desses bens e invadir o país; e portanto, por uma espécie de silogismo de ferro, a ambição de grandeza e riqueza nacionais torna o acúmulo ilimitado de poder necessário e inescapável.

Os fundadores tinham consciência de que, caso a arquitetura planejada por eles funcionasse, a lealdade do povo passaria de suas afeições naturais

....

14 Ibidem, nº 34, p. 163

15 Ibidem, nº 34, p. 164.

por seus locais de origem para o poder e a magnificência da capital. Para que isso ocorresse, a compreensão intuitiva de liberdade como prática do autogoverno deveria ser substituída pela experiência da liberdade como expansão da «diversidade das faculdades» – seja pelos aumentos de propriedade e riqueza ilimitados, seja pela experiência de sermos «mais ser do que consciência», que o filósofo Richard Rorty descreveu como consequência do avanço da democracia liberal. Os fundadores não se surpreenderiam com o fato de um povo moldado pela forma privada de liberdade expressiva, material e individual substituir a lealdade à liberdade local e cívica, e que toda a sua atenção e foco se redirecionassem para Washington, D.C., como a fonte e o fiador da liberdade expressiva.

Esse objetivo seria promovido por meio de um arranjo eleitoral que os autores da Constituição esperavam que garantisse a eleição para cargos nacionais de homens particularmente distintos. A «órbita ampliada» da nação e as perspectivas de grandeza no nível federal iriam se revelar um ímã para homens particularmente ambiciosos cujos interesses se alinhavam com o projeto da grandeza nacional americana. Em um argumento voltado a reduzir os temores dos antifederalistas de que o governo central fosse usurpar as atividades dos estados, Hamilton na verdade confirmou que esse era exatamente o objetivo do novo governo federal, revelando assim o tipo de personalidade que ele acreditava que seria atraída para o governo central:

> Confesso que não compreendo qual tentação poderia levar as pessoas incumbidas da administração do governo geral a despojar de representação as autoridades estaduais. A mera regulação das polícias de um Estado me parece ser pouco sedutora para a ambição. Comércio, finanças, negociação e guerra me parecem abranger o rol de temas que encantam as mentes governadas por essa paixão: e todos os

poderes necessários ao governo desses temas devem em primeira instância estar alocados no governo nacional [...] Seria portanto improvável que houvesse uma disposição nos conselhos federais para usurpar os poderes [locais]. [...] Sua posse [...] não contribuiria em nada para a dignidade, a importância e o esplendor do governo nacional.[16]

O argumento de Hamilton indica uma tendência esperada na nova ordem constitucional, que promete, ao longo do tempo, que o papel do governo central aumentaria a esfera da liberdade individual por meio de seus auspícios particulares, e que o povo acabaria por ver o governo central não apenas como protetor de suas liberdades como também enxergaria formas de autogoverno mais diretas e locais como obstáculos a essa liberdade.

Embora muitos conservadores afirmem hoje que a Constituição buscava preservar um federalismo que garantiria uma forte identificação com identidades mais locais, o argumento base de *O federalista* contradiz essa afirmação. *O federalista* estabelece as condições que garantiriam que o povo acabasse se identificando mais com o governo central do que com os governos locais e estaduais. Tanto Madison quanto Hamilton reconhecem que os seres humanos naturalmente têm maior afeto por aquilo que fica mais perto deles – embora com uma cláusula importante. Madison escreve em *O federalista* 46 «que o primeiro e mais natural sentimento do povo será com os governos de seus respectivos estados», ao passo que em *O federalista* 17 Hamilton escreve: «É um fato conhecido da natureza humana que as afeições sejam normalmente mais fracas proporcionalmente à distância de difusão do objeto».[17] Ambos reconhecem ser um aspecto permanente da natureza humana preferir o que está perto e que é

---

16 Ibidem, nº 17, p. 80.

17 Ibidem, nº 46, p. 243; ibidem, nº 17, p. 81.

mais imediatamente «seu» a algo que está distante e é menos familiar.

A essa afirmação sincera, porém, cada um acrescenta uma restrição importante. Hamilton escreve em *O federalista* 17 para reforçar essa propensão natural a preferir o que está mais próximo, com uma importante exceção: «Com base no mesmo princípio de que um homem é mais ligado a sua família do que à vizinhança e do que à comunidade como um todo, as pessoas de cada Estado sentirão uma ligação mais forte com seus governos locais do que com o governo da União, *a não ser que a força desse princípio fosse destruída por uma gestão muito melhor deste último*».[18] Madison ecoa essa cláusula em *O federalista* 46: «Se, portanto, como foi observado, o povo vier a se tornar mais favorável ao governo federal do que aos governos estaduais, a mudança só pode advir de provas manifestas e irresistíveis de que a gestão é melhor, a ponto de anular as tendências prévias».[19] Melhor «gestão» levará a fidelidade natural àquilo que é próximo, local, familiar a ser «destruída»; e por melhor gestão faz-se referência a um governo comandado por líderes competentes, esclarecidos e eficazes que possam levar a cabo os principais compromissos do regime.

Não é de surpreender que Hamilton admita que essa exceção à atração natural dos humanos por circunstâncias mais locais tem probabilidade de se aplicar sob os arranjos do sistema nacional a ser criado pela Constituição. A concentração no governo central de homens tão dispostos a ver como «pouco sedutoras» as atividades dos governos estaduais está entre as razões que levaram Hamilton a concluir que seria de esperar que ao longo do tempo o governo federal provavelmente será mais bem administrado do que os governos particulares – isto é, os governos dos estados. Em *O federalista* 27

---

18 Ibidem, nº 17, p. 81; grifo meu.

19 Ibidem, nº 46, p. 244.

ele inclui os maiores distritos eleitorais e a probabilidade de atrair «grupos seletos de homens» entre as «várias razões [que] têm sido sugeridas, ao longo desses textos, para induzir uma probabilidade de que *o governo geral terá uma gestão melhor do que os governos particulares*».[20] Ao ler essa conclusão de *O federalista* 27 somada à cláusula expressa nos textos 17 e 46, vemos que Publius claramente acredita, e pretende que seja assim, que a melhor gestão do governo federal levará à substituição das lealdades e da participação no nível local, e levará ao redirecionamento dos vínculos, que passarão a se dar com o governo central.

Dificilmente haverá motivo para dúvida sobre quem estava certo acerca de onde nossa atenção estaria concentrada: os autores de *O federalista* compreenderam que as devoções locais poderiam em última instância ser superadas pelo poder do Estado de aumentar a «diversidade das faculdades», e de afirmar que essa definição de liberdade é a única digna de crença e de ser seguida. Ser um cidadão democrático dava à pessoa o direito de expandir suas ambições e experiências pessoais, e para cumprir seu dever cívico bastava que o indivíduo apoiasse um governo que constantemente promovia formas de individualismo expressivo. Assim os «progressistas» tiveram pouco êxito no controle da expansão da esfera privada dedicada ao aumento da aquisição de propriedade e de poder econômico. Os «conservadores» também tiveram pouco êxito em sua oposição ao expressivismo individual, especialmente no controle do incentivo à revolução sexual. Caso alguém deseje saber por que o Partido Republicano fracassou em suas tentativas de reduzir o governo federal e de devolver o poder aos estados de modo significativo (como o partido afirma tentar pelo menos desde Goldwater, se não desde Franklin Delano Roosevelt), devemos

---

20 Ibidem, nº 27, p. 133; grifo meu.

reconhecer que uma reversão desse tipo iria contra a lógica e a semente do regime. O regime foi planejado de modo que o poder se acumulasse no centro, e especialmente planejado para atrair para o centro os mais ambiciosos – aqueles que irão se esforçar usando a força de sua ambição constitucional para garantir que esse poder continue a se acumular no centro. O comércio e a guerra são as atividades que mais definem o centro, e são atividades que adequadamente passaram cada vez mais a definir a nação.

Apesar de todas as diferenças entre eles, o que é impressionantemente semelhante entre os pensadores liberais da época da fundação e os principais pensadores da era progressista foi um esforço semelhante para aumentar a «órbita» ou escopo do governo nacional concomitante com os aumentos de escala da ordem econômica americana. Apenas tendo como pano de fundo essas premissas sobre os objetivos básicos da política poderia haver algum pressuposto básico para a promoção da existência da «boa política» – e essa política tendia a ser qualquer uma que levasse ao aumento da riqueza e do poder da nação. Nesse sentido – novamente, apesar de suas diferenças –, os progressistas foram herdeiros do mesmo projeto político dos fundadores, o projeto moderno de ver a política como meio de domínio da natureza, de expansão do poder nacional e de libertação do indivíduo dos vínculos e obrigações interpessoais, incluindo aqueles ligados à cidadania democrática ativa.

Tanto os fundadores quanto os progressistas tentaram aumentar a influência do governo central sobre as diferentes partes da nação, ao mesmo tempo que aumentavam a eficiência e a atividade econômica por meio de investimentos em infraestrutura e comunicações. Assim como os fundadores puderam promover as «artes e ciências úteis» como uma das principais injunções positivas da Constituição, o elogio do progressista John Dewey a Francis Bacon como «o verdadeiro fundador do pensamento moderno» se manifestaria frequentemente em seu louvor ao avanço tecnológico como equivalente do avanço da própria democracia.[21] Apesar de toda a valorização que Dewey faz da «democracia», não se deveria esquecer que sua definição de democracia está vinculada a qualquer resultado que em última instância traga «crescimento». Tanto para os fundadores quanto para os progressistas, a expansão daquilo que Madison descreveu como «o império da razão» deveria ser um imperativo central, e com base nisso a confiança que os liberais diziam ter nos governos populares deveria ser temperada sobretudo pelo incentivo à *res idiotica* – um povo cuja devoção à República tinha como premissa sua expansão dos objetivos particulares e do individualismo expressivo.

A DEMOCRACIA ILIBERAL, BEM ENTENDIDA

Escrevendo sobre as democracias municipais que visitou durante sua viagem aos Estados Unidos durante princípios da década de 1830, Alexis de Tocqueville disse ter ficado espantado com o intenso compromisso que os americanos demonstravam com relação a suas vidas cívicas compartilhadas: «É difícil explicar o lugar que as preocupações políticas ocupam na vida de um americano. Participar do governo da sociedade e falar sobre isso é sua atividade mais importante e, por assim dizer, o único prazer que ele conhece».[22] Mesmo prevendo que os caminhos da democracia americana levariam ao

---

21 «Não é por acaso que a crescente organização da democracia coincide com a ascensão da ciência, incluindo o maquinário do telégrafo e da locomotiva para distribuir a verdade. Eis o único fato – o mais completo movimento do homem rumo à sua unidade com seus concidadãos por meio da realização da verdade da vida». John Dewey, «Christianity and Democracy», *Early Works*, 4, p. 9.

22 Tocqueville, *Democracy in America*, p. 243.

«individualismo», ao isolamento e à passividade cívica, Tocqueville observou na prática um fenômeno que era quase seu oposto perfeito: «[Caso] um americano devesse ficar restrito a se ocupar de seus próprios negócios, naquele momento metade de sua existência seria retirada dele; ele teria a sensação de um imenso vazio em sua vida e se tornaria incrivelmente infeliz».[23]

Tocqueville observou práticas da cidadania democrática americana que haviam se desenvolvido antes da fundação da América liberal. Em suas raízes e origens, ele afirmava, estavam as raízes prévias puritanas da colonização do território, e em particular da compreensão amplamente compartilhada da liberdade cristã, que ele acreditava servir como inspiração para as práticas da democracia. No início de *Democracia na América*, Tocqueville descreve «uma bela definição de liberdade» que ele extraiu de Cotton Mather em seu texto *Magnalia Christi Americana*, ou *A história eclesiástica da Nova Inglaterra*:

> Nem eu os enganaria quanto à sua própria liberdade. Existe uma liberdade de natureza corrupta, a que têm propensão tanto homens quanto animais, de fazer o que bem queiram; e essa liberdade é incompatível com a *autoridade*, é impaciente com qualquer limite; por meio dessa liberdade, *Sumus Omnes Deteriores* [somos todos inferiores]; ela é a grande inimiga da verdade e da paz, e todos os mandamentos divinos se inclinam contra ela. No entanto existe uma liberdade civil, moral, federal, que é o objetivo adequado da autoridade e seu objeto; é uma liberdade de fazer apenas aquilo que é justo e bom, e essa liberdade vocês devem defender ainda que com risco de suas próprias vidas.[24]

---

23 Ibidem.

24 Citado em ibidem, p. 46.

Tocqueville aqui cita, dando sua aprovação, uma distinção que remonta à antiguidade clássica, entre uma liberdade compreendida como licenciosidade – «fazer o que bem queiram» – e a liberdade compreendida como consequência da autodisciplina, e em particular da livre escolha feita em nome do bem. Tocqueville louva uma articulação mais contemporânea de uma noção clássica e cristã da liberdade de fazer aquilo que está em consonância com «o justo e o bom», e não a compreensão liberal que define a liberdade como agir conforme se deseje, desde que ninguém sofra dano físico. Essa forma de liberdade, conforme sugere a citação de Mather, é compatível com a autoridade, uma autoridade que agora busca ordenar a sociedade de modo que os cidadãos sejam incentivados a tomar apenas as decisões e a levar adiante apenas as ações que sejam orientadas para «o justo e o bom».

Embora os liberais viessem a ver tal ordenamento da sociedade pela autoridade como o oposto da liberdade – como «Puritana» –, Tocqueville pelo contrário compreendia que a tradução política dessa forma de liberdade naturalmente levaria a certo tipo de prática democrática. A democracia inspirada por essa «bela definição de liberdade» exigia a disciplina do autogoverno, a prática especialmente desafiadora da autolimitação política e pessoal. A democracia exige a limitação dos desejos e das preferência dos indivíduos, particularmente à luz de uma consciência de um bem comum que só poderia ser discernido por meio de interações contínuas com os demais cidadãos. Na verdade, Tocqueville afirmava que a própria ideia da pessoa como um «indivíduo» era transformada de maneira fundamental por meio dessas interações: «Os sentimentos e as ideias são renovados, o coração é alargado, e a compreensão desenvolvida pela mera ação recíproca entre os homens».[25]

---

25 Ibidem, p. 515.

Para Tocqueville, essas afirmações não eram meramente teóricas: ele acreditava que havia uma linha reta levando da compreensão puritana de liberdade até as práticas democráticas das cidades da Nova Inglaterra que ele testemunhou em suas viagens pelos estados do nordeste. Observando a prática do autogoverno – de um povo impondo leis diretamente sobre si mesmo –, Tocqueville concluiu que «a força dos povos livres reside na comunidade local. As instituições locais estão para a liberdade assim como as escolas primárias estão para a ciência: colocam tal objeto ao alcance da população; ensinam a população a apreciar seu desfrute pacífico e acostumam as pessoas a fazerem uso de tal coisa».[26] Ele ressaltava que eram a proximidade e a ausência de mediação nas cidades que tornavam os cidadãos mais dispostos a dar a sua atenção e a se interessar ativamente não apenas pelos seus próprios destinos como pelos destinos compartilhados de seus concidadãos. Por outro lado, ele observou uma impressionante falta de atenção a centros políticos de poder mais distantes, o que incluía o estado e o ainda mais distante governo federal, em que apenas uns poucos homens ambiciosos poderiam governar e que recebia pouca atenção dos cidadãos ativos da municipalidade. Tocqueville teria visto um conjunto de cidadãos desatento ao autogoverno, e que por outro lado dedicava toda a sua atenção e toda a sua energia para as intrigas de um distante poder nacional, não como o apogeu da democracia, e sim como uma traição a seus princípios.

Tocqueville afirmava que o autogoverno era o resultado da prática e do hábito, e que a ausência de tal autogoverno levaria não ao florescimento da liberdade, mas à servidão a governantes distantes. A democracia, para ele, não se definia pelo direito ao voto, seja ele exercido ou não, mas pela discussão, por disputas contínuas e pelas práticas

---

26 Ibidem, p. 57.

do autogoverno em lugares específicos com pessoas conhecidas por longos períodos. Tocqueville não via esse tipo de governo como algo utópico ou livre de imperfeições: «É incontestável que as pessoas irão frequentemente administrar terrivelmente mal a coisa pública, mas quando isso acontecer o horizonte mental dos cidadãos será ampliado e eles serão retirados de sua rotina comum». A democracia não é a mera expressão do interesse próprio, e sim a transformação daquilo que poderia ser um interesse estreito numa preocupação ampla pelo bem comum. Isso só pode ser levado a efeito por meio da prática de cidadãos que sejam simultaneamente governantes e governados por si mesmos: a democracia «não é uma criação da lei; são as pessoas que aprendem a obtê-la por meio da elaboração das leis».[27]

Os críticos liberais de hoje da democracia – especialmente das formas frágeis de observação da política que atualmente denominamos democracia – na verdade condenam as ações vulgares, deformadas e truncadas de uma cidadania degradada, criada pelo próprio liberalismo. Liberais importantes apresentam tal degradação como prova de que precisamos sequestrar ainda mais as energias populares, oferecendo como substitutas as satisfações da esfera privada, que serão ainda mais asseguradas pelo trabalho distante de plutocratas eleitos e funcionários da burocracia do Estado liberal.[28] Os

....

27 Ibidem, pp. 243–4.

28 Jason Brennan escreve: «[O] declínio da participação política é um *bom começo*, mas ainda temos um longo caminho a percorrer. Deveríamos torcer por uma participação ainda menor, não maior. Idealmente, a política ocuparia apenas uma pequena porção da atenção do cidadão médio. Idealmente, a maior parte das pessoas ocuparia seus dias com pintura, poesia, música, arquitetura, estatuária, tapeçaria e porcelana, ou talvez com futebol americano, NASCAR, competições de tratores, fofocas sobre celebridades e indo à lanchonete. A maior parte das pessoas, idealmente,

liberais de hoje que pedem que se incentive a participação democrática por meio de formas mais amplas de educação cívica focadas na política nacional não conseguem ver que a cura que oferecem é a própria fonte dos males que pretendem combater. Continua sendo impensável que a reparação da indiferença cívica exija esforços para limitar severamente o poder do governo central em favor de oportunidades locais para o autogoverno local. Mas aqueles que prontamente exibem indícios de indiferença ou ignorância cívica como provas de que é necessário limitar a cidadania ou instruir os cidadãos invariavelmente o fazem tendo compromisso mais profundo com o fortalecimento da identificação da política com as ações do Estado liberal, e, ao agir assim, garantem uma degradação ainda maior da cidadania.

Por fim não devemos nos surpreender que até mesmo uma cidadania degradada acabe se libertando dos grilhões esclarecidos de uma ordem liberal, particularmente porque os próprios sucessos dessa ordem geram as patologias de uma cidadania que se vê impotente diante de forças de governo, economia, tecnologia e forças globalizantes. No entanto, após sua degradação é improvável que tal cidadania insista no autocomando tocquevilliano; sua resposta previsivelmente assumiria a forma de apelos desarticulados para que um homem forte controlasse o poder de um Estado e um mercado distantes e ingovernáveis. Parece provável que o próprio liberalismo gere demandas populares por um autocrata iliberal que prometa proteger o povo contra os caprichos do próprio liberalismo. Os liberais têm razão ao temer esse desdobramento, porém insistem em propositadamente não se dar conta de sua própria cumplicidade no nascimento da prole iliberal que nasce da própria ordem liberal.

---

não se preocuparia nem um pouco com a política».
Brennan, *Against Democracy*, p. 3.

Conclusão
A Liberdade após o Liberalismo

O liberalismo fracassou por ter sido bem-sucedido. Ao se tornar plenamente o que é, ele gera patologias endêmicas numa velocidade que supera sua capacidade de produzir Band-Aids e véus para cobri-las. O resultado são os apagões sistêmicos da política eleitoral, do governo e da economia, a perda de confiança e até mesmo da crença na legitimidade do sistema entre os cidadãos, que se acumulam não como problemas separáveis e isolados que possam ser resolvidos dentro do quadro liberal, mas como crises profundamente interconectadas de legitimidade e como um prenúncio do fim dos tempos liberais.

O estreitamento de nossos horizontes políticos nos tornou incapazes de pensar que aquilo com que estamos nos deparando hoje não é um conjunto de problemas isolados que possam ser resolvidos com o uso de ferramentas liberais, mas sim um desafio sistêmico que surge de uma ideologia difusa e invisível. O problema não está em apenas um programa ou um aplicativo, mas no próprio sistema operacional. É quase impossível para nós concebermos que estamos no meio de uma crise de legitimidade em que nossas premissas sistêmicas mais profundas são passíveis de dissolução.

A «mentira nobre» do liberalismo está se estilhaçando porque aqueles que se beneficiam dela continuam crendo nela e a defendendo, ao mesmo tempo que ela é cada vez mais vista como mentira, e não como uma mentira especialmente nobre, pela nova classe servil produzida pelo liberalismo. A insatisfação cresce entre aqueles que ouvem seus líderes dizerem que suas políticas irão beneficiá-los, ainda que o liberalismo permaneça como um artigo de ardorosa fé por parte daqueles que deveriam estar em melhor posição para compreender sua verdadeira natureza. Porém os apólogos do liberalismo veem a insatisfação generalizada, a disfunção política, a desigualdade econômica, a desconexão cívica e a rejeição populista como problemas acidentais desconectados das causas sistêmicas, porque seu autoengano é gerado por enormes reservatórios econômicos de interesse próprio na manutenção do atual sistema. Essa divisão só irá aumentar, a crise se tornará mais pronunciada, o esparadrapo político e a pintura econômica feita à base de tinta de spray serão cada vez mais insuficientes para manter a casa de pé. O fim do liberalismo está à vista.

Esse desfecho pode assumir uma de duas formas. Na primeira, é possível visualizar a perpetuação de um sistema político chamado «liberalismo» que, ao se tornar plenamente o que é, opera de formas opostas a seu discurso sobre liberdade, igualdade, justiça e oportunidade. O liberalismo contemporâneo recorrerá com cada vez mais frequência à imposição da ordem liberal por decreto – especialmente na forma do Estado administrativo gerido por uma pequena minoria que desdenha cada dia mais da democracia. Contornar as insatisfações democráticas e populistas se tornou a norma, e por trás da ordem liberal se torna cada vez mais visível o apoio de um gigantesco «Estado oculto», com amplos poderes de vigilância, autoridade legal, poder de polícia e controle administrativo. Esses métodos continuarão a ser empregados apesar da afirmação do liberalismo de que sua ordem se apoia no consentimento e no apoio popular. Uma conclusão desse tipo é paradoxal, não muito diferente da conclusão de *Democracia na América*, em que Tocqueville prevê que a democracia culminará em uma nova forma de despotismo.

Porém as instabilidades que certamente acompanhariam esse resultado sugerem um segundo desfecho possível – o fim do liberalismo e sua substituição por outro regime. A maior parte das pessoas que preveem tal cenário com razão alerta para a provável brutalidade de qualquer regime que possa vir a ser o sucessor do liberalismo, e estão bastante próximos os exemplos do colapso da República de Weimar e da ascensão do fascismo, e do breve flerte da Rússia com o liberalismo antes da imposição do comunismo. Embora esses exemplos brutais e fracassados sugiram que tais probabilidades dificilmente gerarão um entusiasmo generalizado mesmo em uma era pós-liberal, alguma forma de autoritarismo nacional-populista ou de autocracia militar parece completamente plausível como resposta para a fúria e o medo de uma cidadania pós-liberal.

Embora o crescente descontentamento com a democracia liberal ocidental sugira que qualquer um dos resultados seja uma possibilidade realista, nenhum deles é desejável pela forma que provavelmente assumiria. No entanto o próprio fracasso do liberalismo convida a esse resultado, não obstante a falta de disposição dos defensores do liberalismo para perceber sua própria cumplicidade no incentivo a uma insatisfação generalizada entre seus concidadãos que só torna mais provável um resultado lamentável. Os defensores do liberalismo hoje veem esses compatriotas insatisfeitos como retrógrados e reincidentes, e frequentemente atribuem a eles as mais vis motivações: racismo, sectarismo tacanho ou intolerância, dependendo de qual seja a questão em debate. Na medida em que o liberalismo se vê como uma máquina política perpétua e capaz de curar a si mesma, permanece sendo praticamente impensável para seus apólogos compreender que seu fracasso pode levar à substituição por um sucessor cruel e vil. É improvável que algum esforço para conceber uma alternativa humana ao pós-liberalismo surja da retaguarda dos defensores de um regime em declínio.

Depois do Liberalismo

Imaginar uma alternativa humana ao despotismo liberalocrata ou ao regime autoritário rígido e potencialmente cruel que podem substituir o liberalismo parece, na melhor das hipóteses, um jogo de salão e, na pior, uma causa perdida. No entanto, participar da atividade que outrora foi o centro da filosofia política – a negociação entre o utópico e o realista, iniciada por Platão na *República* – permanece sendo essencial para que evitemos os cenários mais drásticos de uma vida após o liberalismo e para que algo potencialmente melhor possa vir a existir. Se hoje apenas podemos vislumbrar os mais vagos contornos de algo em meio a uma paisagem tão completamente moldada por nossa era liberal, é preciso dar os primeiros passos, ainda que tentativos. O destino é desconhecido e imprevisível, e a jornada provavelmente só estará completa após várias gerações.

Concluo dando três desses passos iniciais.

– Primeiro, é preciso reconhecer as conquistas do liberalismo, e evitar o desejo de «voltar» a uma era pré-liberal. Devemos usar essas conquistas como bases para o futuro, ao mesmo tempo que deixamos de lado os motivos fundacionais de seu fracasso. Não é possível regredir, apenas progredir.

– Em segundo lugar, devemos superar a era da ideologia. Das três grandes ideologias modernas, apenas a mais antiga e mais resiliente perdura, mas os liberais confundiram a queda de seus concorrentes com o fim da história, em vez de perceber a vitória de Pirro que aquilo de fato representava. A lacuna entre o discurso que o liberalismo faz sobre si mesmo e a realidade vivida pelos cidadãos se amplia a ponto de impedir que a mentira continue sendo aceita. Em vez de tentar conceber uma ideologia substituta (ou de voltar a uma versão atualizada de uma alternativa, como um marxismo renascido), devemos nos concentrar no desenvolvimento de práticas que incentivem novas formas de cultura, economia doméstica e vida na pólis.

– Em terceiro lugar, do caldeirão dessa experiência e dessa prática, uma teoria melhor sobre a política e a sociedade pode em última instância emergir. Tal teoria deve evitar as dimensões ideológicas do liberalismo, reconhecendo no entanto as suas conquistas e as justas demandas que ele traz – particularmente as demandas relativas à justiça e à dignidade. Os contornos de tal teoria já são discerníveis, guiados pela retenção que o próprio liberalismo fez de conceitos essenciais de uma era pré-liberal – especialmente o conceito da liberdade – e reforçados pela experiência e pelas práticas essenciais para a vida humana. O primeiro passo rumo a uma nova teoria é o mais tentativo, porém ele vai numa direção confiante, dado o apelo perpétuo de certos ideais políticos básicos presentes na tradição ocidental desde a antiguidade.

SEM RETORNO

Como todo projeto humano, o liberalismo teve suas conquistas. Vivendo dentro de sua caverna, a humanidade foi autocongratulatória em excesso para com seus êxitos; daí a necessidade de demonstrar nestas páginas seus custos mais profundos. Porém, se esperamos criar um futuro pós-liberal humano, não podemos fingir que a era do liberalismo não aconteceu ou que seus contornos básicos podem ser simplesmente apagados numa espécie de restauração de uma era pré-liberal idílica. Essa era jamais existiu – embora, ao mesmo tempo, o passado possa e deva nos instruir à medida que seguimos adiante rumo a novas possibilidades. Quaisquer passos rumo a uma era pós-liberal devem começar com uma avaliação empática do apelo do liberalismo e com um esforço para perceber os ideais admiráveis que o liberalismo muitas vezes apenas prometeu.

Embora o liberalismo tenha fingido ser um edifício totalmente novo que rejeitava a arquitetura política de todas as eras anteriores, naturalmente ele se valeu de longos desenvolvimentos que vão da antiguidade até a Idade Média tardia. Uma parte significativa de seu apelo não decorria do fato de ele ser totalmente novo, e sim de se valer de reservatórios profundos de crenças e compromissos. A filosofia política antiga se dedicou especialmente à questão de como melhor evitar a ascensão da tirania, e de como melhor alcançar as condições para a liberdade política e o autogoverno. Os termos básicos que moldam nossa tradição política – liberdade, igualdade, dignidade, justiça, constitucionalismo – vêm de linhagem antiga. O advento do cristianismo, e seu desenvolvimento na amplamente negligenciada filosofia política da Idade Média, enfatizou a dignidade do indivíduo, o conceito de pessoa, a existência de direitos e dos deveres correspondentes, a importância fundamental da sociedade civil e de uma multiplicidade de associações e o conceito de governo limitado como melhor meio de impedir a inevitável tentação humana de caminhar para a tirania. O mais básico apelo do liberalismo não foi a rejeição do passado, mas seu uso de conceitos básicos fundadores da identidade política ocidental.

Os arquitetos do liberalismo aderiram à linguagem e aos termos das tradições clássica e cristã mesmo tendo transformado tanto seu sentido quanto sua prática. Eles rejeitaram especialmente a compreensão clássica e cristã dos seres humanos como criaturas fundamentalmente relacionais – «animais sociais e políticos» – e propuseram que a liberdade, os direitos e a justiça podiam ser mais bem alcançados por meio de uma redefinição radical da natureza humana. O resultado foi que os desejos políticos do Ocidente intelectual se tornaram muito mais acessíveis e populares, mas ao custo de estabelecer um mundo político que minou aqueles ideais. A ruptura do liberalismo com o passado se baseou em uma falsa antropologia; no entanto, ao mesmo tempo, aqueles ideais se tornaram mais universais e assegurados em boa medida por meio da crescente insatisfação diante da incapacidade do liberalismo em torná-los realidade.

Em outros tempos houve uma grande desconexão entre a filosofia do Ocidente e suas práticas. Os ideais de liberdade, igualdade e justiça coexistiram com práticas amplas de escravidão, servidão, desigualdade, desrespeito pelas contribuições das mulheres e formas arbitrárias de hierarquia e aplicação da lei. O liberalismo foi um sinal do profundo êxito dos mais fundamentais compromissos filosóficos do Ocidente, uma manifestação de uma exigência generalizada de que as práticas cotidianas deveriam ser mais condizentes com os ideais.

Entretanto, ao mesmo tempo que promovia esses ideais, o liberalismo em última instância os traiu ao desfigurar a concepção de natureza humana e a política, a economia, a educação e a aplicação da tecnologia que resultavam dela. Hoje, como nos séculos passados, existe uma ampla desconexão entre os ideais que afirmamos e nossas práticas, mas, ao contrário do que ocorreu em eras passadas, a natureza ideológica do liberalismo torna difícil a percepção da atual desconexão, porque hoje o fracasso em alcançar esses ideais é endêmico ao próprio liberalismo. A palavra «liberdade» ganha adesão como sendo o compromisso fundamental de nossa era, mas em vastas áreas da vida a liberdade parece retroceder – muitos cidadãos, por exemplo, creem ter pouco controle de fato ou pouca voz nos seus governos. A motivação de muitos eleitores em democracias avançadas não é a crença confiante de que sua voz está sendo ouvida, e sim a convicção de que seu voto vai contra um sistema que já não reconhece a reivindicação ao autogoverno. Ao mesmo tempo, a liberdade em áreas como a escolha do consumidor se expande exponencialmente, levando muitos a assumir dívidas demais para satisfazer desejos que em última instância são insaciáveis. Nós efetivamente temos pouco autogoverno, seja como cidadãos em relação a nossos líderes ou como indivíduos em relação a nossos apetites. Como cidadãos sob o liberalismo somos assegurados quanto ao nosso poder cívico ao mesmo tempo que experimentamos a fraqueza política e participamos de infinitos atos de escolha que são apenas expressões mais profundas de servidão. Temos infinitas escolhas quanto ao tipo de carro que iremos comprar, mas poucas opções quanto a se passaremos grandes partes de nossas vidas em um tédio mortal dentro deles. O tempo todo ouvimos o liberalismo afirmar que somos livres, e, apesar de enganos generalizados e de uma insatisfação crescente, cremos numa equivalência entre o que é dito e a realidade.

Parte do caminho rumo a uma era pós-liberal passa pelo reconhecimento de que, embora o apelo inicial do liberalismo tivesse como premissa aspirações elogiáveis, seus êxitos muitas vezes se basearam na desfiguração de tais aspirações. Seus defensores frequentemente apontam para a libertação das mulheres de condições de desigualdade como um exemplo significativo de êxito do liberalismo, e veem qualquer crítica ao liberalismo como uma proposta para lançar de novo as mulheres na servidão pré-liberal. No entanto a principal conquista prática dessa libertação das mulheres foi lançar muitas delas na força de trabalho do mercado capitalista, uma condição que tradicionalistas como Wendell Berry e teóricos políticos marxistas como Nancy Fraser veem como uma forma bastante duvidosa de libertação.[1] Praticamente esquecidos estão argumentos como os apresentados no princípio da República, de que a liberdade consiste na

---

1 Wendell Berry, «Feminism, the Body and the Machine», em *What Are People For?* Berkeley, CA: Counterpoint, 1990; Nancy Fraser, *Fortunes of Feminism: From State-Managed Capitalism to Neo-Liberal Crisis*. Nova York: Verso, 2013.

independência da arbitrariedade não apenas de um rei como também de um patrão. Hoje consideramos grande sinal da libertação das mulheres a emancipação crescente em relação à sua biologia, que as liberta para servirem a uma entidade diferente, incorpórea – a América «corporativa» – e para participarem de uma ordem econômica que efetivamente impede qualquer liberdade política genuína. O liberalismo postula que libertar as mulheres de seus domicílios equivale à libertação, mas ele efetivamente coloca tanto as mulheres quanto os homens em uma situação de servidão muito mais abrangente.

O liberalismo ascendeu em função de seu apelo a um nobre conjunto de ideais e no entanto deu origem a novas e abrangentes formas de degradação. Para dizer de maneira menos caridosa, os arquitetos do liberalismo propositadamente se apropriaram de ideais políticos amplamente compartilhados e os subverteram em favor das pessoas mais capazes de se beneficiarem das novas definições de liberdade, democracia e republicanismo.[2] Usar os êxitos do liberalismo como base para novas construções significa reconhecer tanto a legitimidade de seu apelo inicial quanto as profundas razões para seu fracasso. Significa oferecer genuína liberdade humana na forma tanto de autogoverno cívico quanto de autogoverno individual, não a versão piorada que combina impotência sistêmica à ilusão de autonomia na forma de licenciosidade consumista e sexual. O liberalismo foi tanto uma bênção quanto uma catástrofe para os ideais do Ocidente, talvez um passo necessário cujos fracassos, falsas promessas e desejos não satisfeitos nos levarão a algo melhor.

---

2 Cavanaugh, «Killing for the Telephone Company».

O Fim da Ideologia

O liberalismo foi lançado com a afirmação de que trataria «os homens como eles são», baseando uma nova política num realismo clarividente sobre a natureza humana. No entanto, suas afirmações sobre os humanos «como eles são» tinham como premissa a ficção dos humanos radicalmente autônomos em um estado de natureza. A ordem política, social e econômica moldada em torno dessa visão desfigurada da natureza humana teve êxito em remodelar as pessoas segundo a sua imagem, mas o projeto teve o efeito previsível de libertá-las da realidade da vida relacional. O liberalismo sempre foi movido por uma visão de como os seres humanos «deveriam» viver, mas mascarou esses compromissos normativos sob o disfarce da neutralidade. Assim como suas ideologias concorrentes, ele exigia um aparato político e econômico gigantesco para levar a cabo sua visão – e nesse processo acabou remodelando e danificando a humanidade. Uma política mais humana deve evitar a tentação de substituir uma ideologia por outra. A política e a comunidade humana devem ser filtradas de baixo para cima, partindo da experiência e da prática.

Uma das ficções mais prejudiciais do liberalismo foi a teoria do consentimento, um enredo imaginário em que agentes de cálculo autônomos e racionais faziam um contrato abstrato para estabelecer um governo cujo único propósito era «assegurar direitos». Essa visão do consentimento relegou todas as formas «não escolhidas» de sociedade e de relacionamentos à categoria de «arbitrárias» e portanto suspeitas, se não ilegítimas. O liberalismo hoje se expandiu com sucesso de um projeto político para um projeto social e até mesmo familiar, agindo mais frequentemente como solvente de todos os vínculos sociais. No entanto, à medida que o liberalismo se depara com fronteiras mais desafiadoras – especialmente com aquelas instituições religiosas que fundamentalmente rejeitam as premissas liberais –, testemunhamos um governo cada vez mais visível e ativo que promove seu projeto por meio de esforços para controlar práticas e crenças religiosas e familiares.[3]

O liberalismo assume a posição fundamental de que o «consentimento» para qualquer relacionamento ou vínculo só pode ser dado quando as pessoas são completa e perfeitamente autônomas e individuais. Só então elas são capazes de participar de maneira consciente e intencional de formas relacionais utilitárias, e são também capazes de refazer esses vínculos quando eles se mostrarem pouco satisfatórios. Lembro-me de uma conversa desanimadora quando eu dava aulas na Universidade de Princeton sobre um livro recém-publicado sobre os amish. Estávamos discutindo a prática do Rumspringa – literalmente, «correr por aí» –, época em que os jovens se separam obrigatoriamente da comunidade para participar do que a sociedade liberal oferece.[4] O período de separação dura normalmente perto de um ano, ao fim do qual o jovem deve escolher entre os dois mundos. Uma porcentagem impressionante, perto de 90%, escolhe voltar para ser batizado e aceitar as normas e limites de sua comunidade que os proíbem de continuar gozando dos prazeres da sociedade liberal. Alguns de meus colegas achavam que isso era um sinal de que esses jovens não estavam de fato «escolhendo» como indivíduos livres. Um deles disse: «Vamos ter de pensar em modos de torná-los

....

3 Além de esforços agressivos para definir a liberdade religiosa como «liberdade de culto» durante a gestão Obama, pense nos esforços para definir a relação entre pais e filhos em relação à política liberal e dessa maneira colocar as crianças sob a supervisão do Estado. Ver, por exemplo, Samantha Goldwin, «Against Parental Rights», *Columbia Law Review*, 47, n. 1, 2015.

4 Tom Shachtman, *Rumspringa: To Be or Not to Be Amish*. Nova York: North Point, 2007.

livres». O consenso liberal perfeito exige indivíduos perfeitamente libertos, e os indícios de que os jovens amish estavam sendo atraídos pela família, pela comunidade e pela tradição eram marcas de pessoas que não eram livres.

O liberalismo torna esses laços suspeitos ao mesmo tempo que oculta os modos pelos quais moldou sua própria juventude para que ela adote uma forma específica de vida, um conjunto de crenças e uma visão do mundo que jamais estão sujeitos a avaliação por nenhum parâmetro que venha de fora do próprio liberalismo. A cultura tradicional dos amish (seria possível pensar também em outros exemplos) dá a seus jovens o direito de escolher se querem permanecer dentro daquela cultura, porém apenas uma das opções é vista como um exercício de escolha. A aquiescência ao liberalismo, ainda que irrefletida, é vista como um «consentimento tácito», ao passo que a filiação a uma comunidade tradicional é «opressão» ou «falsa consciência».

Sob esse duplo padrão, a afiliação religiosa, cultural e familiar é sempre um acidente de nascimento. No entanto, para a humanidade moderna no Ocidente avançado e cada vez mais para o mundo, o liberalismo é igualmente uma herança involuntária, e quaisquer alternativas são vistas como profundamente suspeitas e como algo que provavelmente precisa de uma intervenção liberal. O liberalismo também ignora o modo como a própria cultura é uma forma mais profunda de consentimento. A cultura e a tradição são o resultado de acúmulos de prática e experiência que gerações voluntariamente foram somando e passando adiante como uma dádiva para futuras gerações. Essa herança é o resultado de uma liberdade mais profunda, a liberdade das interações intergeracionais com o mundo e de uns com os outros. Ela é consequência de práticas imperturbáveis, e a sucessão das gerações poderá alterá-la caso sua experiência e suas práticas levem a conclusões diferentes.

A manutenção das práticas culturais e religiosas existentes e a construção de novas comunidades exigirão muito mais consciência do que a aquiescência passiva que hoje é estimulada e que leva ao próprio liberalismo. É uma ironia (e pode-se também ver isso como um benefício de uma era liberal) que hoje seja o próprio liberalismo que silenciosamente molda uma população irreflexiva, e que o desenvolvimento de novas culturas seja aquilo que exige esforço consciente, deliberação, reflexão e consentimento. Isso é verdadeiro especialmente no caso de comunidades religiosas numa era em que o liberalismo se tornou cada vez mais hostil a limitações autoimpostas e a restrições que ele considera detestáveis, especialmente, mas não apenas, no campo da autonomia pessoal e sexual – ponto de vista que muitos veem como uma traição ao liberalismo, muito mais do que como seu apogeu. Mas esse mesmo conflito, ao demonstrar até onde o liberalismo é capaz de ir para remodelar o mundo à sua própria imagem, demonstra a necessidade de comunidades alternativas e de novas culturas que viverão do lado de fora da catástrofe iminente dos anos do crepúsculo do liberalismo.

O Advento da Prática Pós-Liberal e Rumo ao Nascimento de uma Nova Teoria

Já há indícios de um apetite crescente por uma alternativa orgânica ao mundo frio, burocrático e mecanizado oferecido pelo liberalismo. Embora sejam especialmente evidentes nos vestígios das tradições religiosas ortodoxas – não apenas em comunidades autônomas como os amish, mas cada vez mais em movimentos internacionais crescentes de católicos, protestantes, judeus e outros –, também há um interesse crescente por propostas de uma «Opção Beneditina», colocada e explorada de maneira mais interessante no livro de mesmo nome escrito por Rod Dreher.⁵ A construção de práticas de atenção, paciência, humildade, reverência, respeito e modéstia também é evidente entre pessoas sem crenças religiosas particulares, defensores de uma vida autossuficiente e «donas de casa radicais» que — assim como suas contrapartes religiosas — procuram em seus lares e nas suas comunidades e mercados locais redescobrir antigas práticas e criar novas, que incentivem novas formas de cultura que o liberalismo tenta sufocar.⁶

Muitas vezes chamados de contracultura, tais esforços seriam mais bem entendidos como uma contra-anticultura. A construção de uma cultura em meio à anticultura atual é um profundo desafio em função da terra devastada cultural produzida pelo liberalismo moderno, assim como de sua hostilidade invejosa em relação a concorrentes. Uma cultura não se constrói de cima para baixo, e, assim como um organismo, ela mantém seu DNA ao ser transmitida para gerações subsequentes. Um esforço consciente para construir uma nova cultura existe em contradição básica com origens mais orgânicas e com o desenvolvimento de práticas culturais. No entanto, o contexto singular da paisagem cultural devastada do liberalismo exige algo novo. Ironicamente, dada a filosofia padrão baseada em escolhas que o liberalismo nos legou, aquilo que algum dia pode vir a ser uma paisagem cultural não voluntária deve nascer de intenções, planos e ações voluntários.

Tais esforços devem se concentrar na construção de práticas que deem sustentação à cultura dentro das comunidades, incentivem uma economia doméstica e a «vida na pólis», ou formas de

---

5   Rod Dreher, *The Benedict Option: A Strategy for Christians in a Post-Christian Nation*. Nova York: Sentinel, 2017.

6   Shannon Hayes, *Radical Homemakers: Reclaiming Domesticity from a Consumer Culture*. Richmondville, NY: Left to Right, 2010.

autogoverno que surjam de participação cívica compartilhada. Todas essas práticas surgem de configurações locais que resistem à abstração e à impessoalidade do liberalismo, e das quais surgem hábitos da memória e de obrigações mútuas. Embora a cultura seja cultivada e repassada de modo mais imediato dentro de casa, ela é desenvolvida numa comunidade de famílias e se centra especialmente nos rituais em torno do nascimento, da chegada à vida adulta, do casamento e da morte. A cultura leva em conta as circunstâncias locais, muitas vezes extraindo seu alimento e sua inspiração de fatos da geografia e da história locais. Ela passa adiante a memória por meio das gerações via histórias e canções, não do tipo embalado em Hollywood ou na Avenida Madison, mas que surgem de vozes de lugares específicos. E, assim como a palavra sugere, ela está quase sempre associada ao «culto», percebendo o local como algo vinculado ao universal e ao eterno, ao divino e ao sublime, dos quais em última instância ela é uma expressão. Essas práticas fazem surgir a única forma genuína de diversidade, uma variedade de culturas que é múltipla, ainda que fundada em verdades humanas que são transculturais e portanto capazes de serem celebradas por muitos povos.

Uma contra-anticultura também exige o desenvolvimento de práticas econômicas centradas em uma «economia doméstica», ou seja, hábitos econômicos desenvolvidos para dar sustentação ao florescimento dos domicílios mas que por sua vez buscam transformar a residência em uma pequena economia. A utilidade e o conforto devem ser rejeitados para que se dê preferência a práticas de conhecimento e virtuosismo locais. A capacidade de fazer e construir coisas por conta própria – suprir as necessidades da casa com as próprias mãos e com as mãos de seus filhos – deveria ser mais valorizada do que o consumo e o desperdício. As habilidades para construir, consertar, cozinhar, plantar, preservar e adubar não apenas dão base para a independência e a integridade do lar como desenvolvem práticas e habilidades que são as fontes básicas da cultura e de uma vida cívica compartilhada. Elas ensinam a cada geração as demandas, as dádivas e os limites da natureza; a participação humana nos ritmos e padrões naturais e sua celebração; e a independência em relação à ignorância destruidora de culturas e à preguiça induzidas pela liberdade de qualidade inferior do mercado moderno.

Junto com as artes da economia doméstica há o desafio maior de minimizar a participação de cada um na natureza abstrata e impessoal da economia moderna. As habilidades e inclinações conquistadas em casa deveriam ser estendidas a uma economia de residências, em que amigos, lugares e histórias são pontos relevantes a serem levados em consideração nas transações econômicas. Uma economia que premia o anonimato cria cidadãos que não conseguem ver, ouvir ou falar de maneira adequada sobre relações fundamentais entre as pessoas e delas com o mundo. Nossa economia incentiva uma ignorância generalizada sobre as fontes e os destinos das mercadorias que compramos e usamos, e essa ignorância por sua vez leva a uma indiferença em meio a uma orgia de consumo. Assim como a política liberal, a economia promove uma preocupação unicamente com o curto prazo, estreitando assim nosso horizonte temporal e excluindo o conhecimento do passado e a preocupação com o futuro. Uma economia desse tipo gera devedores que vivem para o presente, confiantes de que o futuro se resolverá por conta própria ao mesmo tempo que consomem os bens da terra hoje de tal maneira que torna a própria existência de um futuro menos provável. Os mercados locais, por outro lado, incentivam relações construídas ao longo do tempo e com vínculos geográficos, e necessariamente nos levam a pensar em mais do que simples cálculos individuais. Vendedores e compradores fazem suas trocas tendo consciência de como seu relacionamento ajuda a construir uma comunidade melhor, conscientes de que parte do lucro será reinvestida em casa para o benefício de amigos, vizinhos e gerações ainda por nascer.

Uma ênfase maior na economia doméstica e nas trocas locais deve vir acompanhada de um maior grau de autogoverno local. Hoje nós medimos a saúde política de um local verificando a porcentagem da população em idade de votar que realmente vai às urnas, e, embora essa porcentagem tenha crescido nas últimas eleições, até mesmo esse suposto sinal de saúde cívica varia entre 50% e 60%. No entanto, a obsessão nacional com a política eleitoral nacional e a redução do diálogo e dos debates de questões que surgem no governo federal são mais sinais de desconforto cívico do que de saúde. A política é reduzida em grande medida a um esporte com espectadores, vendido e embalado como uma distração para uma população passiva. As eleições dão a aparência de autogoverno, mas funcionam principalmente para saciar quaisquer impulsos cívicos residuais antes que voltemos às nossas vidas como funcionários e consumidores.

Quando visitou os Estados Unidos no final da década de 1820, Tocqueville se maravilhou com o espírito «faça você mesmo» da política americana. Ao contrário de seus compatriotas franceses, que aquiesciam passivamente a uma ordem aristocrática centralizada, os americanos prontamente se reuniam em ambientes locais para resolver problemas. No processo aprendiam as «artes da associação». Eles eram em grande medida indiferentes ao distante governo central, que na época exercia uma quantidade relativamente pequena de poderes. O governo municipal, Tocqueville escreveu, era a «escola da democracia», e ele louvava o compromisso dos cidadãos de assegurar os bens da vida comunitária não apenas em nome dos objetivos conquistados por eles, mas também em função dos hábitos e das práticas incentivados por ela e das mudanças benéficas que esses hábitos e essa prática forjavam nos próprios cidadãos. O maior benefício da participação cívica, ele afirmava, não eram os efeitos sobre o mundo, e sim os efeitos sobre as relações entre as pessoas que participavam da vida cívica:

> Cidadãos que são levados a participar da administração pública devem se afastar dos interesses privados e ocasionalmente olhar para algo além de si. Assim que os assuntos comuns passam a ser tratados pela comunidade, cada homem percebe que não é tão independente dos outros quanto supunha e que para ter a ajuda deles será necessário oferecer também ajuda a eles.[7]

Durante algum tempo, essas práticas serão desenvolvidas dentro de comunidades intencionais que irão se beneficiar da abertura da sociedade liberal. Elas serão vistas como «opções» dentro do quadro liberal, e, embora vistas como suspeitas pela cultura mais ampla, em grande medida terão permissão para existir desde que não estejam ameaçando a atividade principal da ordem liberal. No entanto, é provável que a partir das lições aprendidas dentro dessas comunidades surja uma teoria política pós-liberal viável, uma teoria que se inicie com premissas antropológicas fundamentalmente diferentes que não surjam de um suposto estado de natureza nem terminem com um estado e um mercado que se espalhem pelo mundo inteiro, mas que em vez disso trabalhe com o fato de que o ser humano é relacional e sociável, e com a habilidade adquirida de sacrificar o interesse próprio limitado não em nome de uma humanidade abstrata, mas sim de outros humanos. Com a morte da ordem liberal, tais contraculturas passarão a ser vistas não como «opções» mas como necessidades.

---

7 Tocqueville, *Democracy in America*, p. 510.

Mesmo assim, o impulso para inventar uma nova e melhor teoria política no rastro do triunfo do liberalismo e de sua morte simultânea é uma tentação a que se deve resistir. A busca por uma teoria abrangente foi o que deu origem ao liberalismo e a suas ideologias sucessoras. Apelos pela restauração da cultura e das artes liberais, restrições ao individualismo e ao estatismo e limites à tecnologia do liberalismo sem dúvida farão com que surjam questões suspeitas. Serão feitas exigências de garantias abrangentes de que as desigualdades e as injustiças que nascem do preconceito racial, sexual e ético sejam impedidas preventivamente e que as autocracias e teocracias locais sejam legalmente impedidas. Essas exigências sempre contribuíram para a expansão da hegemonia liberal, acompanhada de um simultâneo autoelogio que nos diz que somos mais livres e mais iguais do que nunca, ainda que estejamos mais sujeitos à expansão tanto do Estado quanto do mercado, e tenhamos um controle menor sobre nossos destinos.

Por enquanto, devemos pensar na possibilidade de que o liberalismo continue a expandir seu domínio global por meio do aprofundamento da desigualdade e da restrição da liberdade em nome da garantia de seu oposto. Talvez haja outra maneira, começar com os esforços de pessoas de boa vontade para formar comunidades contraculturais distintivas que tenham uma forma de vida diferente do modelo desenraizado e impessoal que o liberalismo incentiva acima de tudo. À medida que o clímax do liberalismo se torna mais plenamente visível, à medida que suas falhas sistêmicas lançam na instabilidade e na incerteza econômica e social um número cada vez maior de pessoas, à medida que as instituições da sociedade civil são cada vez mais vistas como tendo sido esvaziadas em nome da libertação individual e à medida que descobrimos que nosso estado de liberdade sempre aperfeiçoada nos deixa, conforme previu Tocqueville, ao mesmo tempo «independentes e fracos», essas comunidades de práticas serão progressivamente vistas como faróis e hospitais de campanha para aqueles que em algum momento possam tê-las visto como curiosas e suspeitas. A partir do trabalho e do exemplo de formas alternativas de comunidade, em última instância poderá surgir uma experiência diferente da vida política, baseada em práticas reais e na educação mútua do autogoverno compartilhado.

Precisamos hoje de práticas estimuladas por ambientes locais, focadas na criação de culturas novas e viáveis, de uma economia baseada no virtuosismo dentro dos lares, e na criação de uma vida cívica na pólis. Não precisamos de uma teoria melhor, e sim de melhores práticas. Essa condição e a filosofia diferente que ela será capaz de estimular poderão finalmente ser dignas do nome «liberal». Depois de um experimento filosófico de quinhentos anos que chegou ao fim, o caminho está livre para a construção de algo novo e melhor. A maior prova da liberdade humana hoje está na nossa capacidade de imaginar e construir a liberdade depois do liberalismo.

Bibliografia

Arendt, Hannah. *The Origins of Totalitarianism*. Nova York: Harcourt, Brace, 1951. [*Origens do totalitarismo*. São Paulo: Companhia das Letras, 2017.]

Bacon, Francis. *Of the Advancement of Learning*. In: *The Works of Francis Bacon*. Ed. James Spedding, Robert Leslie Ellis e Douglas Denon Heath. Londres: Longmans, 1879, 14 vols. [*O progresso do conhecimento*. São Paulo: Ed. Unesp, 2007.]

———. *Valerius Terminus*, «*Of the Interpretation of Nature*». In: *The Works of Francis Bacon*. Ed. James Spedding, Robert Leslie Ellis e Douglas Denon Heath. Londres: Longmans, 1879, 14 vols.

Berry, Wendell. «Faustian Economics: Hell Hath No Limits». *Harper's*, maio 2008, pp. 37-8.

———. «Feminism, the Body and the Machine». In: *What Are People For?* Berkeley, CA: Counterpoint, 1990.

———. *The Hidden Wound*. Boston: Houghton Mifflin, 1970.

———. *Sex, Economy, Freedom, and Community: Eight Essays*. Nova York: Pantheon, 1994.

———. *The Way of Ignorance: And Other Essays*. Emeryville, CA: Shoemaker and Hoard, 2005.

Bishop, Bill. *The Big Sort: Why the Clustering of Like-Minded America Is Tearing Us Apart*. Nova York: Houghton Mifflin Harcourt, 2008.

Bloom, Allan. *The Closing of the American Mind: How Higher Education Has Failed. Democracy and Impoverished the Souls of Today's Students*. Nova York: Simon and Schuster, 1987. [*O declínio da cultura ocidental: da crise da universidade à crise da sociedade*. São Paulo: Best Seller, 1989.]

Boorstin, Daniel J. *The Republic of Technology: Reflections on Our Future Community*. Nova York: Harper and Row, 1978.

Brennan, Jason. *Against Democracy*. Princeton: Princeton University Press, 2016. [*Contra a democracia*. 2. ed. Lisboa: Gradiva, 2017.]

———. «The Problem with Our Government Is Democracy».

Washington Post, 10 nov. 2016.

Broder, John M. e Barringer, Felicity. «E.P.A. Says 17 States Can't Set Emission Rules». *New York Times,* 20 dez. 2007. Disponível em : <http://ww.nytimes.com/2007/12/20/washington/20epa.html?_r=0>.

Burke, Edmund. *Reflections on the Revolution in France.* Ed. J. G. A. Pocock. 1790; Indianapolis: Hackett, 1987. [*Reflexões sobre a revolução na França.* São Paulo: Edipro, 2016.]

Caplan, Bryan. *The Myth of the Rational Voter: Why Democracies Choose Bad Policies.* Princeton: Princeton University Press, 2007.

Carr, Nicholas G. *The Shallows: What the Internet Is Doing to our Brains.* Nova York: Norton, 2010. [*A geração superficial: o que a internet está fazendo com os nossos cérebros.* Rio de Janeiro: Agir, 2011.]

Cavanaugh, William T. «'Killing for the Telephone Company': Why the Nation-State Is Not the Keeper of the Common Good». In: *Migrations of the Holy: God, State, and the Political Meaning of the Church.* Grand Rapids, MI: Eerdmans, 2011.

Cowen, Tyler. *Average Is Over: Powering America Past the Age of the Great Stagnation.* Nova York: Dutton, 2013.

Crawford, Matthew. *Shop Class as Soul Craft: An Inquiry into the Value of Work.* Nova York: Penguin, 2010.

Croly, Herbert. *The Promise of American Life.* 1909; Cambridge: Harvard University Press, 1965.

Deneen, Patrick. «Against Great Books: Questioning our Approach to the Western Canon». *First Things,* jan. 2013.

Dewey, John. *The Early Works of John Dewey, 1882–1898.* Vol. 5. Ed. Jo Ann Boydston. Carbondale: Southern Illinois University Press, 1967–72.

———. *Individualism, Old and New.* 1930; Amherst, NY: Prometheus, 1999.

———. *The Public and Its Problems.* 1927; Athens, Ohio: Swallow, 1954.

———. *Reconstruction in Philosophy.* 1920; Nova York: New American Library, 1950. [*Reconstrução em filosofia.* São Paulo: Ícone, 2011.]

Dionne, E. J., Jr. *Why Americans Hate Politics.* Nova York: Simon and Schuster, 1992.

Dreher, Rod. *The Benedict Option: A Strategy for Christians in a*

Post-Christian Nation. Nova York: Sentinel, 2017.

Dunkelman, Marc J. *The Vanishing Neighbor: The Transformation of American Community*. Nova York: Norton, 2014.

Edsall, Thomas B. «The Closing of the Republican Mind». *New York Times*, 13 jul. 2017. Disponível em: <https://www.nytimes.com/2017/07/13/ opinion/republicans-elites--trump.html>.

Figgis, John Neville. *Studies of Political Thought: From Gerson to Grotius*. Cambridge: Cambridge University Press, 1907.

Firestone, Shulamith. *The Dialectic of Sex: The Case for Feminist Revolution*. Nova York: Bantam, 1971. [*A dialética do sexo: um manifesto da revolução feminista*. Rio de Janeiro: Labor do Brasil, 1976.]

Fish, Charles. *In Good Hands: The Keeping of a Family Farm*. Nova York: Farrar, Straus and Giroux, 1995.

Foucault, Michel. *The Order of Things: An Archaeology of the Human Sciences*. Nova York: Vintage, 1994. [*As palavras e as coisas: uma arqueologia das ciências humanas*. 10. ed. São Paulo: Martins Fontes, 2016.]

Fraser, Nancy. *Fortunes of Feminism: From State-Managed Capitalism to Neo-Liberal Crisis*. Nova York: Verso, 2013.

Friedman, Jeffrey. «Democratic Incompetence in Normative and Positive Theory: Neglected Implications of 'The Nature of Belief Systems in Mass Publics'». *Critical Review*, 18, n. 1–3, 2006, pp. i–xliii.

Friedman, Thomas L. *The Lexus and the Olive Tree*. Nova York: Farrar, Straus and Giroux, 1999. [*O lexus e a oliveira: entendendo a globalização*. Rio de Janeiro: Objetiva, 1999.]

Fromm, Erich. *Escape from Freedom*. Nova York: Farrar and Rinehart, 1941. [*O medo à liberdade*. Rio de Janeiro: Guanabara, 1986.]

Fukuyama, Francis. «The End of History?» *National Interest*, verão 1989.

——. *The End of History and the Last Man*. Nova York: Free Press, 1992. [*O fim da história e o último homem*. Rio de Janeiro: Rocco, 1992.]

——. *Our Posthuman Future: Consequences of the Biotechnology Revolution*. Nova York: Farrar, Straus and Giroux, 2002. [*Nosso futuro pós-humano: consequências da revolução da biotecnologia*. Rio de Janeiro: Rocco, 2003.]

Galston, William. «The Growing Threat of Illiberal Democracy». *Wall Street Journal*, 3 jan. 2017. Disponível em: <http://www.wsj.com/articles/the-growing-threat-of-illiberal-democracy-1483488245>.

Gardner, Stephen. «The Eros and Ambitions of Psychological Man». In: Philip Rieff, *The Triumph of the Therapeutic: Uses of Faith after Freud*, edição de 40º aniversário, Wilmington, DE: ISI, 2006.

Goldwin, Samantha. «Against Parental Rights». *Columbia Law Review*, 47, n. 1, 2015.

Gregory, Brad S. *The Unintended Reformation: How a Religious Revolution Secularized Society*. Cambridge: Belknap Press of Harvard University Press, 2012.

Habermas, Jürgen. *Legitimation Crisis*. Trad. Thomas McCarthy. Boston: Beacon, 1975. [*A crise de legitimação no capitalismo tardio*. 2. ed. Rio de Janeiro: Tempo Brasileiro, 2002.]

Hanson, Victor Davis e Heath, John. *Who Killed Homer: The Demise of Classical Education and the Recovery of Greek Wisdom*. Nova York: Free Press, 1998.

Havel, Vaclav. «The Power of the Powerless». In: *Open Letters: Selected Writings, 1965–1990*. Nova York: Vintage, 1992.

Hayek, F. A. *The Constitution of Liberty*. Ed. Ronald Hamowy. Chicago: University of Chicago Press, 2011. [*Os fundamentos da liberdade*. Brasília/São Paulo: Ed. UnB/Visão, 1983.]

Hayes, Shannon. *Radical Homemakers: Reclaiming Domesticity from a Consumer Culture*. Richmondville, NY: Left to Right, 2010.

Hobbes, Thomas. *Leviathan*. Ed. Edwin Curley. 1651; Indianapolis: Hackett, 1994. [*Leviatã*. São Paulo: Edipro, 2015.]

——. *On the Citizen*, Ed. e trad. Richard Tuck e Michael Silverthorne. 1642: Cambridge: Cambridge University Press, 1998. [*Do cidadão*. São Paulo: Edipro, 2016.]

Jefferson, Thomas. *A Summary View of the Rights of British America. Set Forth in Some Resolutions Intended for the Inspection of the Present Delegates of the People of Virginia. Now in Convention. By a Native, and Member of the House of Burgesses*. Williamsburg: Clementina Rind, 1774.

Josselson, Ruthellen. «The Hermeneutics of Faith and the Hermeneutics of Suspicion». *Narrative Inquiry*, 14, n. 1, 2004, pp. 1–28.

Jouvenel, Bertrand de. *The Pure Theory of Politics*. Indianapolis: Liberty Fund, 2000.

Kerr, Clark. *The Uses of the University*. 5. ed. Cambridge: Harvard University Press, 2001. [*Os usos da universidade*. Brasília: Ed. UnB, 2005.]

Korn, Sandra Y. L. «The Doctrine of Academic Freedom». *Harvard Crimson*, 18 fev. 2014.

Kronman, Anthony. *Education's End: Why Our Colleges and Universities Have Given Up on the Meaning of Life*. New Haven: Yale University Press, 2006.

Lasch, Christopher. *The Revolt of the Elites and the Betrayal of Democracy*. Nova York: Norton, 1994. [*A rebellião das elites e a traição da democracia*. Rio de Janeiro: Ediouro, 1995.]

———. *The True and Only Heaven: Progress and Its Critics*. Nova York: Norton, 1991.

Lepore, Jill. «Oh, Julia: From Birth to Death, Left and Right». *New Yorker*, 7 maio 2012.

Levin, Yuval. *The Great Debate: Edmund Burke, Thomas Paine, and the Birth of Right and Left*. Nova York: Basic, 2014. [*O grande debate: Edmund Burke, Thomas Paine e o nascimento da esquerda e da direita*. Rio de Janeiro: Record, 2017.]

Levy, Stephen. «GU NAACP President Discusses Diversity Issues» *Hoya* 19 out. 2010. Disponível em: <http://www.thehoya.com/gu-naacp-president-discusses-diversity-issues/#>.

Lipset, Seymour M. *Political Man: The Social Bases of Politics*. Garden City, NY: Doubleday, 1960. [*O homem político*. Rio de Janeiro: Zahar, 1967.]

Locke, John. *Second Treatise of Government*. Ed. C. B. MacPherson. 1689; Indianapolis: Hackett, 1980. [*Segundo tratado sobre o governo civil*. São Paulo: Edipro, 2014.]

Lukianoff, Greg e Haidt, Jonathan. «The Coddling of the American Mind». *Atlantic*, jul. 2015.

Madison, James; Hamilton, Alexander e Jay, J. *The Federalist*. Ed. George W. Carey e James McClellan. Indianapolis: Liberty Fund, 2001.

Maquiavel, Nicolau. *The Prince*. Ed. e trad. David Wooton. Indianapolis: Hackett, 1995. [*O príncipe*. Barueri, SP: Ciranda Cultural, 2019.]

Marche, Stephen. «Is Facebook Making Us Lonely?» *Atlantic*, maio 2012.

Marglin, Stephen. *The Dismal Science: How Thinking Like an Economist Undermines Community*. Cambridge: Harvard University Press, 2008.

Marks, Jonathan. «Conservatives and the Higher Ed 'Bubble'». *Inside Higher Ed*, 15 de nov. 2012. Disponível em: <https://www.insidehighered.com/views/2012/11/15/conservative-focus-higher-ed-bubble-undermines-liberal-education-essay>.

McIlwain, Charles Howard. *Constitutionalism, Ancient and Modern*. Ithaca, NY: Cornell University Press, 1940.

———. *The Growth of Political Thought in the West: From the Greeks to the End of the Middle Ages*. Nova York: Macmillan, 1932.

McWilliams, Wilson Carey. «Democracy and the Citizen: Community, Dignity, and the Crisis of Contemporary Politics in America». In: *Redeeming Democracy in America*. Ed. Patrick J. Deneen e Susan J. McWilliams. Lawrence: University Press of Kansas, 2011.

———. «Politics». *American Quarterly*, 35, n. 1-2, 1983, pp. 19–38.

Mendelson, Nina. «Bullies along the Potomac». *New York Times*, 5 jul. 2006. Disponível em <http://www.nytimes.com/2006/07/05/opinion/05mendelson.html>.

Mill, John Stuart. *On Liberty and Other Essays*. Ed. John Gray. Oxford: Oxford University Press, 2008.

Murray, Charles A. *Coming Apart: The State of White America, 1960–2010*. Nova York: Crown Forum, 2012.

Nieli, Russell K. «How Diversity Punishes Asians, Poor Whites, and Lots of Others». *Minding the Campus*, 12 jul. 2010. Disponível em: <https://www.princeton.edu/~tje/files/Pub_Minding%20the%20campus%20combined%20files.pdf>.

Nisbet, Robert A. *The Quest for Community: A Study in the Ethics of Order and Freedom*. Wilmington, DE: ISI, 2010.

«No Longer the Heart of the Home, the Piano Industry Quietly Declines». *New York Public Radio*, 6 jan. 2015.

Oakeshott, Michael. *The Politics of Faith and the Politics of Scepticism*. New Haven: Yale University Press, 1996. [*A política da fé e a política do ceticismo*. São Paulo: É Realizações, 2018.]

———. *Conservadorismo*. Veneza - Belo Horizonte: Ayiné, 2016.

Polanyi, Karl. *The Great Transformation: The Political Origins of Our*

Time. 1944; Boston: Beacon, 2001. [*A grande transformação: as origens da nossa época*. Rio de Janeiro: Elsevier, 2012.]

Polillo, Simone. «Structuring Financial Elites: Conservative Banking and the Local Sources of Reputation in Italy and the United States, 1850-1914». Tese de doutorado, University of Pennsylvania, 2008.

Postman, Neil. *Technopoly: The Surrender of Culture to Technology*. Nova York: Vintage, 1993. [*Tecnopólio: a rendição da cultura à tecnologia*. São Paulo: Nobel, 1994.]

Purcell, Edward A. *The Crisis of Democratic Theory: Scientific Naturalism and the Problem of Value*. Lexington: University Press of Kentucky, 1973.

Putnam, Robert D. *Our Kids: The American Dream in Crisis*. Nova York: Simon and Schuster, 2015.

Putnam, Robert D. e Campbell, David E. *American Grace: How Religion Divides and Unites Us*. New York: Simon and Schuster, 2010.

Rauschenbusch, Walter. *Theology for the Social Gospel*. 1917; Louisville, KY: Westminster John Knox Press, 1997.

Reed, Matt. «Remember the Canon Wars?» *Inside Higher Ed*, 11 abr. 2013. Disponível em: <https://www.insidehighered.com/blogs/confessions-community-college-dean/remember-canon-wars>.

Reich, Robert B. «Secession of the Successful». *New York Times*, 20 jan. 1991.

Robinson, Brett T. *Appletopia: Media Technology and the Religious Imagination of Steve Jobs*. Waco, TX: Baylor University Press, 2013.

Root, Damon. *Overruled: The Long War for Control of the U.S. Supreme Court*. Nova York: St. Martin's, 2014.

Schumacher, E. F. *Small Is Beautiful: Economics as if People Mattered*. Nova York: Harper and Row, 1975. [*O negócio é ser pequeno: um estudo de economia que leva em conta as pessoas*. 4. ed. Rio de Janeiro: Zahar, 1983.]

Shachtman, Tom. *Rumspringa: To Be or Not to Be Amish*. Nova York: North Point, 2007.

Shepard, Walter J. «Democracy in Transition». *American Political Science Review*, 29, 1935.

Shiffman, Mark. « Humanity 4.5». *First Things*, nov. 2015.

Siedentop, Larry. *Inventing the Individual: The Origins of Western*

Liberalism. Cambridge: Harvard University Press, 2014.

Sigmund, Paul E. *Natural Law in Political Thought.* Lanham, MD: University Press of America, 1981.

Silver, Lee M. *Remaking Eden: Cloning and beyond in a Brave New World.* Nova York: Avon, 1997. [*De volta ao Éden: engenharia genética, clonagem e o futuro das famílias*. São Paulo: Mercuryo, 2001.]

Snow, C. P. *The Two Cultures.* Cambridge: Cambridge University Press, 1965. [*Duas culturas*. Lisboa: Dom Quixote, 1965.]

Soljenítsin, Alexander. «A World Split Apart». In: *Solzhenitsyn at Harvard.* Ed. Ronald Berman. Washington, DC: Ethics and Public Policy Center, 1980.

Thomas, Richard H. «From Porch to Patio». *Palimpsest,* ago. 1975.

Tierney, Brian. *The Idea of Natural Rights: Studies on Natural Rights, Natural Law, and Church Law, 1150–1625.* Grand Rapids, MI: Eerdmans, 1997.

Tocqueville, Alexis de. *Democracy in America.* Trad. George Lawrence. Nova York: Harper and Row, 1969. [*A democracia na América*. São Paulo: Martins Fontes, 2014, 2 vols.]

Tuck, Richard. *Natural Rights Theories: Their Origins and Development.* Cambridge: Cambridge University Press, 1982.

Turkle, Sherry. *Alone Together: Why We Expect More from Technology and Less from Each Other.* Nova York: Basic, 2011.

Twelve Southerners. *I'll Take My Stand: The South and the Agrarian Tradition.* Nova York: Harper, 1930.

Vargas Llosa, Mario. *Notes on the Death of Culture: Essays on Spectacle and Society.* Nova York: Farrar, Straus and Giroux, 2015. [*A civilização do espetáculo: uma radiografia do nosso tempo e da nossa cultura*. Rio de Janeiro: Objetiva, 2013.]

Vermuele, Adrian. *Law's Abnegation: From Law's Empire to the Administrative State.* Cambridge: Harvard University Press, 2016.

Winthrop, John. «A Model of Christian Charity». In: *The American Puritans: Their Prose and Poetry.* Ed. Perry Miller. Nova York: Columbia University Press, 1982.

Zakaria, Fareed. *The Future of Freedom: Illiberal Democracy at Home and Abroad.* Nova York: Norton, 2007.

——. «The Rise of Illiberal Democracy». *Foreign Affairs,* nov.-dez. 1997, pp. 22–43.

Índice remissivo

Aa

aborto, 66
abstração, 41
Against Democracy (Brennan), 198
Agostinho, Santo, bispo de Hipona, 149
Alemanha, 223
alienação, 33
Alighieri, Dante, 149
Alone Together (Turkle), 130-1
ambientalismo, 38-9, 83, 147, 148
amish, 142-4, 231-2, 233
anticultura, 95-125
apocaliptismo, 127
Aquino, Tomás de, 62, 149
Arendt, Hannah, 89
aristocracia, 54-5, 171-82
Aristóteles, 62, 99, 112, 135, 149, 197
Ato de Uniformidade Alimentar Nacional (2005), 114n15
ausência de vínculo geográfico, 101, 110-1, 169, 171-2
automóveis, 140-2
Average Is Over (Cowen), 180-1

Bb

Bacon, Francis: admiração de Dewey por, 103, 214-5; domínio da natureza procurado por, 38, 52-3, 62-3, 75, 102-3, 154, 171
Banco Central, EUA, 208
Bellamy, Francis, 75
Benedict Option, The (Dreher), 233-4
Berry, Wendell, 39, 111-6, 131-2, 168-9, 171, 228
Bloom, Allan, 163n9
Boorstin, Daniel J., 134, 145
Brennan, Jason, 198-9, 200, 219-20
Brexit, 17, 34, 197

Burke, Edmund, 82, 115–6, 184, 185, 188–9
burocracia, 31–2
Bush, George W., 114n15
Cc
Calvino, João, 149
Caplan, Bryan, 198, 200
Carr, Nicholas, 129–130
casamento, 60, 66, 99, 174
Catlin, George E. G., 202
centralização, 52, 55–6, 90–3, 136–7, 145, 182–94, 235–6
Cícero, Marco Túlio, 149
cidadania, 195–220
ciência e tecnologia, 38–45, 127–46, 214–5
ciências exatas, 158, 162
Coming Apart (Murray), 174
competência democrática, 200-1, 204–5
computadores, 39
comunismo, 29, 89, 90, 223; colapso do, 28
consentimento, 230–3
conservadores: Constituição invocada pelos, 48, 211
    currículo tradicional e os, 156–7, 163; domínio da natureza procurado pelos, 62–3, 103–4; estatismo denunciado pelos, 73, 88; mercados reverenciados por, 73, 81, 87–8, 93; metas liberais levadas a cabo pelos, 43, 62–4, 73–4, 118, 157; padrões ambientais atacados pelos, 82; revolução sexual versus, 213
Considerações sobre o governo representativo (Mill), 78–9
constitucionalismo, 48, 57
Constituição, EUA, 43, 137, 204, 210, 211, 212, 214
consumismo, 95–6, 236
contenção, 151
contrato social, 25, 58–60, 76–8, 104–5, 149
coptas, 260
Cowen, Tyler, 180–2
Crawford, Matthew, 123
crise financeira, 120–2, 146, 165–6, 172
Crisis of Democratic Theory, The (Purcell), 199
Cristianismo, 84, 147; casamento no, 60; educação liberal

e, 149–168; liberalismo contrastado com o, 53; liberalismo fundamentado no, 44, 48–9, 226; liberdade e, 167–8, 216; vida além da morte ressaltada no, 53; virtude ressaltada no, 48, 49, 51, 136, 151–2

Croly, Herbert, 84–5

cultura popular, 124

curdos, 160

Dd

Democracia na América (Tocqueville), 91–2, 216, 222

Descartes, René, 52, 115

desigualdade, 26, 33, 35–7, 54, 85, 175, 181, 182, 227; como aberração, 193–4, 222; conservadorismo associado à, 93; na Grécia antiga, 48; liberalismo associado à, 26–7, 47–8, 92–3, 239; liberdade compatível com, 33; progressismo versus, 180–1; racial, 239; sexual, 227, 239; visão de Hayek da, 179–80; visão de Locke da, 175–9

despersonalização, 41–2

Dewey, A. Gordon, 202

Dewey, John: costumes e tradição desvalorizados por, 103–4; democracia na visão de, 200, 214–5; como estatista, 73, 75, 84–5; como individualista; 75, 83–5; perfectibilidade humana na visão de, 63, 84–5

direitos de propriedade, 26, 176, 204, 205, 213

Dismal Science, The (Marglin), 143–4

diversidade, 42, 123, 148, 159, 163, 171–2

«diversidade das faculdades», 182, 205, 208, 210, 213

«Do Machines Make History?» (Heilbroner), 134

Douthat, Ross, 89n17

Dreher, Rod, 233–4

Ee

economia de subsistência, 147–70

economia doméstica, 234–7

educação, 110–30

educação liberal, 35–8, 147–8, 149, 153, 167–70, 173

eleições, 25, 26, 195, 210; comparecimento nas, 203; fé decrescente nas, 26; presidenciais, 32; propostas de Mill para as, 186-8; propostas para restringir as, 198–9

Ellul, Jacques, 131
endividamento, 172–3, 227–8, 236
epistocracia, 199
Escape from Freedom (Fromm), 89
escravidão, 48, 79, 81, 187, 227
Estado administrativo, 199, 222
estado de direito, 25, 48, 116
estado de natureza, 40, 59, 87, 98, 136, 145, 174, 230
«Estado oculto», 222
estoicismo, 53
Ética (Aristóteles), 62

Ff
facções, 138, 205, 207
Facebook, 140
fascismo, 28, 29, 90, 223
federalismo, 48, 211
federalista, O, 137, 182, 204, 205, 209, 211, 212–3
filosofia política, 135
«fim da História, O» (Fukuyama), 54, 133
Firestone, Shulamith, 159n6
Fish, Charles, 102n3
Frankenstein (Shelley), 127
Fraser, Nancy, 228
Friedman, Jeffrey, 198, 200
Friedman, Thomas, 34
Fromm, Erich, 89
«From Porch to Patio» (Thomas), 141–2
Fukuyama, Francis, 54, 133–4

Gg
Galston, William, 197
Gardner, Stephen, 118
geração superficial, A (Carr), 129-30
globalização, 34, 54, 55, 85–6, 171–2; alienação crescente causada pela, 26, 33–4, 220; apoio dos conservadores à, 92–3; crítica à, 81; inexorabilidade da, 33–4, 38–9, 133–4
Goldwater, Barry, 213
«Grandes Livros», 156–7, 164

Great Transformation, The (Polanyi), 80–1
Grécia antiga, 156–7, 164
Guerra Civil Americana, 81–2

Hh

Hamilton, Alexander, 32, 84, 209–12
Havel, Václav, 18–9
Hayek, Friedrich, 179–80
Hegel, Georg Wilhelm Friedrich, 135
Heidegger, Martin, 157
Heilbroner, Robert, 134
hmongs, 160
Hobbes, Thomas, 62, 65, 76, 87, 110, 149; atemporalidade e, 104-5; busca do poder vista por, 67; costumes e tradições desvalorizados por, 52, 119; crítica a, 115; defesa da monarquia por, 58–9; estado de natureza visto por, 58, 87, 98, 145, 174
homogeneidade, 97, 99–100, 120; inevitabilidade da, 34; liberalismo associado à, 27, 29, 56, 113-4, 147-8, 163

Ii

imediatismo, 101, 105, 106, 108, 170, 203
Individualism, Old and New (Dewey), 83
individualismo: estatismo associado ao, 42–3, 71–94; liberalismo com base no, 57
interesse próprio, 55
«Is Facebook Making Us Lonely?» (Marche), 139–40

Jj

Jay, John, 209
Jefferson, Thomas, 83–4, 110–1, 177
Josselson, Ruthellen, 158n4
Jouvenel, Bertrand de, 76

Kk

Kennedy, John F., 151
Kerr, Clark, 153–4
Kerry, John, 115n17

Ll

Lamar, Mirabeau, 151

Lamont, Thomas, 121

Lasch, Christopher, 115n16, 190

Lasswell, Harold D., 202

lei natural, 62, 117

Lei Noroeste (1787), 150

Leviatã (Hobbes), 58, 65, 87

Levin, Yuval, 185

liberdade acadêmica, 161-2

liberdade de associação, 31

liberdade de expressão, 26, 31, 163

libertários, 185

Lippmann, Walter, 200

Locke, John, 35; contrato social na visão de, 59-60, 76-7, 87, 116-7, 145, 149; fundadores influenciados por, 73, 110-1; governantes ideais na visão de, 175-8, 191-2; liberdade por meio da lei vista por, 76-8; progresso econômico visto por, 179, 193

Lutero, Martinho, 149

Mm

Madison, James, 137-8, 182, 204-7, 209, 211-2, 215

Magnalia Christi Americana (Mather), 216

Maquiavel, Nicolau, 51, 137, 209

Marche, Stephen, 139-40

Marglin, Stephen, 143-4

Marx, Karl, 33, 63, 82, 182

Mather, Cotton, 216-7

Matrix (filme), 146

Mayo, Elton, 202

McWilliams, Wilson Carey, 19, 161-2

Mendelson, Nina, 114n15

Merriam, Charles E., 202

mídia social, 128-31

Mill, John Stuart, 63, 73, 78-9, 184-9, 193

«Model of Christian Charity, A» (Winthrop), 143n10

modernidade, 49, 50, 80-2, 106, 144

monarquia, 54

movimento das mulheres, 228-9

mudança climática, 39, 128, 180, 203
multiculturalismo, 42, 123–4, 147–8, 159, 161, 171–2
Mumford, Lewis, 131
Murray, Charles, 174, 190–1, 192–3

Nn

nazismo, 89
Nieli, Russell, 160–1
Nenhuma Criança Deixada para Trás (2001), 114n15
Nisbet, Robert, 89–91

Oo

Oakeshott, Michael, 115n18
Obama, Barack, 86, 164
origens do totalitarismo, As (Arendt), 88–9

Pp

paideia, 48
Paine, Thomas, 185
parasitismo de ninhada, 123
«pensamento crítico», 151, 169
Platão, 29, 99, 149, 193–4, 197, 224
pluralismo, 207
«poder dos sem poder, O» (Havel), 18–9
poder executivo, 32, 185
poder legislativo, 31–2, 185–6
Polanyi, Karl, 80–1
Política (Aristóteles), 99
política de identidade/identitária, 148, 159, 171–2
pós-estruturalismo, 157
pós-modernismo, 157, 159
Postman, Neil, 132–3
pobreza, 47
profissionalização, 201
progressismo, 43, 182–4, 201–2, 204; o liberalismo dos fundadores como semelhante ao, 213–5
projetos de iniciativa popular, 201
Purcell, Edward A., 199
puritanos, 216, 217
Putnam, Robert, 190–1, 193

Qq
Quest for Community, The (Nisbet), 89–91

Rr
racionalidade, 52, 176–7
Rauschenbusch, Walter, 84–5
Rawls, John, 175
Reagan, Ronald, 179
recall eleitoral, 201
Reconstruction in Philosophy (Dewey), 103–4
Reed, Matt, 163–4n9
referendos, 201
Reflexões sobre a revolução na França (Burke), 188
reforma do serviço público, 201–2
Reich, Robert, 190
religião: como alternativa ao liberalismo, 230–1, 232–3; críticas à, 165; liberdade religiosa, 26, 31; na visão de Mill, 184
Remaking Eden (Silver), 133
representação, 205
Republic of Technology, The (Boorstin), 134–5, 145–6
República, A (Platão), 29, 99, 193-4, 224
República de Weimar, 223
republicanismo, 137, 138, 141, 204–5, 206–7, 229
Revolução Francesa, 71
Revolução no futuro (Vonnegut), 180
Roma antiga, 47
Roosevelt, Franklin D., 213
Root, Damon, 198–9
Rorty, Richard, 63, 75, 210
Rousseau, Jean-Jacques, 63, 98
Rubio, Marco, 164
Rússia, 223

Ss
Segundo tratado sobre o governo (Locke), 59–60, 175–8
seguro, 142–4
separação dos poderes, 48
separação entre Igreja e Estado, 48
sexualidade, 112, 188, 213, 229, 233; nas escolas,

66, 117–20, 159–60; o liberalismo e a, 93, 158–9, 183; mercantilização da, 86–7, 100; na visão de Aristóteles, 99

Shelley, Mary, 127

Shepard, Walter J., 200

Silver, Lee, 133

sistema judicial, 25

Smith, Adam, 75

Snow, C. P., 157n3

Sobre a liberdade (Mill), 185–8

sociedade tecnológica, A (Ellul), 131

Soljenítsin, Alexander, 116–8

STEM (ciência, tecnologia, engenharia e matemática, na sigla em inglês), 148, 152–3

subúrbios, 141–2

Suma teológica (Aquino), 62

Tt

Technopoly (Postman), 132–3

tecnologia, 38–45, 127–46, 214–5

Thomas, Richard, 141–2

Tocqueville, Alexis de, 44, 67, 239–40; engajamento cívico americano na visão de, 215–7, 237–8; imediatismo na visão de, 106–9; individualismo e estatismo associados por, 91–2, 222; tipos de liberdade distinguidos por, 217–9

totalitarismo, 89

transumanismo, 63

tribunais, 25

Trump, Donald J., 17, 34, 197

Tuchman, Barbara, 11

Turkle, Sherry, 130–1

Turner, Frederick Jackson, 83

Uu

União Europeia, 197

Universidade de Ohio, 150–1

Universidade do Texas, 151, 155

universidades, 118–22, 150–70

Uses of the University, The (Kerr), 153–4

utilitarismo, 63, 80-1, 209-10, 231

Vv

Vargas Llosa, Mario, 95
véu da ignorância, 175
Vico, Giambattista, 115
vigilância, 31, 56, 66, 93, 97, 222
virtude, 47-8, 50-2; como conjunto de limites, 149-51, 168; interesse próprio substituindo a, 55
voluntarismo, 58-61
Vonnegut, Kurt, 180

Ww

Walker, Scott, 164
Whigs, 54
Wilson, Woodrow, 202
Winthrop, John, 146n10

Zz

Zakaria, Fareed, 196-7

Volumes Publicados Biblioteca Âyiné

1. Por Que o Liberalismo Fracassou? **Patrick J. Deneen**
2. Contra o Ódio **Carolin Emcke**